AF230490

OBSERVATIONS
SUR LA VALLÉE D'ÉGYPTE

ET

SUR L'EXHAUSSEMENT SÉCULAIRE
DU SOL QUI LA RECOUVRE;

PAR M. P. S. GIRARD,

Ingénieur en chef des Ponts et Chaussées, Directeur du Canal de l'Ourcq et des Eaux de Paris, membre de l'Académie royale des sciences et de l'Institut d'Égypte, Chevalier de la Légion d'honneur.

SECTION Ire

Description de la vallée d'Égypte dans son état actuel. — Variations annuelles du Nil.

PARMI les nombreux voyageurs qui ont donné des descriptions de l'Égypte, il n'en est aucun qui se soit proposé d'examiner la vallée où coule le Nil, avec assez de détails pour conclure de son état présent les changemens successifs qu'elle a subis et ceux qu'elle doit éprouver dans la suite.

Le séjour prolongé que nous avons fait sur différens points de cette vallée, nous a permis de recueillir une suite d'observations à l'aide desquelles nous essaierons d'en tracer l'histoire physique. La célébrité de cette contrée, les questions importantes auxquelles a donné lieu la formation du sol qui la recouvre, et les applications plus ou moins générales que l'on pourra faire des solutions que nous allons donner de ces questions, nous font espérer que nos recherches ne seront point dénuées d'intérêt.

Le Nil, à son entrée en Égypte à la hauteur de l'île de *Philæ*, coule dans une gorge étroite, bordée sur chaque rive par des rochers de granit. Ces rochers traversent le fleuve à un demi-myriamètre environ au-dessus de la ville de Syène; et c'est en franchissant cette espèce de barrage, qu'il forme la dernière de ses cataractes.

L'île d'Éléphantine, située vis-à-vis de Syène, est un attérissement qui s'est élevé à l'abri des derniers blocs de granit que l'on rencontre dans le lit du Nil, en descendant de la Nubie : ainsi l'Égypte semble commencer, en quelque sorte, là où finit le sol granitique.

A partir de ce point, les deux bords de la vallée sont formés de bancs de grès

A

presque abruptes, dans la masse desquels on remarque encore aujourd'hui d'anciennes carrières exploitées pour la construction des temples et des palais de la haute Égypte. Ces bancs de grès opposés courent parallèlement entre eux du midi au nord, à une distance de trois à quatre mille mètres l'un de l'autre; ce qui ne laisse au fond de la vallée qu'une très-petite largeur de terrain cultivable: aussi les attérissemens du fleuve se réduisent-ils à quelques îles, dont la plus considérable est celle de Bybân, située presque vis-à-vis de l'ancienne ville d'*Ombos*, à quatre myriamètres environ de Syène.

A deux myriamètres au-dessous d'*Ombos*, les bancs de grès qui encaissent la vallée, se rapprochent de part et d'autre, au point de ne laisser entre eux que la largeur occupée par le fleuve : ce lieu, appelé *Gebel Selseleh* ou *Montagne de la Chaîne*, offroit les plus grandes facilités pour le transport par eau des matériaux qu'on pouvoit en extraire. On y retrouve d'immenses carrières dont les parois verticales portent les traces d'une exploitation qui semble encore récente : nonseulement ces carrières fournissoient des blocs équarris propres aux constructions, mais on y ébauchoit les statues colossales destinées à l'ornement des temples et des palais de la Thébaïde, comme l'atteste, entre autres choses, une ébauche de statue de sphinx qui se voit encore sur le bord du Nil, toute disposée à être embarquée. La longueur du détroit de Gebel Selseleh est d'environ douze cents mètres.

Au débouché de ce détroit, la pente transversale de la vallée porte constamment le Nil sur sa rive droite, qui présente dans beaucoup d'endroits l'aspect d'une falaise coupée à pic, tandis que le sommet des montagnes de la rive gauche est presque toujours accessible par un talus plus ou moins incliné.

C'est dans la plaine qui s'étend depuis le Nil jusqu'au pied de la montagne Libyque, que sont bâties les villes d'Edfoû et d'Esné, autrefois *Apollinopolis magna* et *Latopolis :* la première est à dix et la seconde à quinze myriamètres de Syène.

Les deux chaînes qui bordent la vallée se rapprochant de nouveau au dessous et à vingt kilomètres d'Esné, forment un défilé appelé *Gibeleyn*, au-delà duquel on entre dans les plaines d'*Hermonthis* et de Thèbes, plaines que le Nil traverse du midi au nord, en les coupant à peu près par le milieu de leur largeur.

Ici les bords de la vallée commencent à diverger : ils laissent entre eux l'intervalle d'un myriamètre environ susceptible de culture. C'est, en descendant des cataractes, le premier point sur lequel une population nombreuse ait pu se fixer, et la nature elle-même l'avoit indiqué pour être l'emplacement de la plus ancienne capitale de l'Égypte. Ses ruines sont à vingt myriamètres de Syène. La position de la chaîne Libyque, au pied de laquelle étoit situé le quartier de Thèbes appelé *Memnonium*, est formée de bancs de pierre calcaire. On y a pratiqué les vastes souterrains connus sous le nom de *Tombeaux des Rois*. La chaîne Arabique est de la même nature, sans avoir été l'objet des mêmes travaux. Ces bancs calcaires continuent d'encaisser la vallée en descendant vers le nord : on ne voit qu'accidentellement reparoître le grès en rochers isolés, et encore faut-il pour cela s'avancer à quelque distance dans l'intérieur du désert.

Le Nil, parvenu à la hauteur de Denderah, l'ancienne *Tentyris*, à six myriamètres au-dessous de Thèbes, se dirige de l'est à l'ouest jusqu'à la hauteur de l'ancienne ville d'*Abydus;* il reprend là sa direction au nord à travers les provinces de Girgeh et de Syout, dont le territoire cultivable, moins resserré, est couvert d'un grand nombre de villages.

La ville de Syout, l'ancienne *Lycopolis*, est à trente myriamètres de Thèbes.

On communique de la vallée du Nil avec l'intérieur des déserts qui la bordent, par des gorges transversales, dont les unes conduisent, d'un côté, sur les bords de la mer Rouge, et, de l'autre, dans les *Oasis.*

La plus connue des premières est celle que l'on suit maintenant pour se rendre de Qené au port de Qoçeyr; on en connoît une seconde qui, se dirigeant au nord-est vers le même port, a son origine dans la vallée, vis-à-vis d'Esné.

Ces différentes gorges et celles qui entrecoupent la chaîne opposée, sont habitables, parce que les pluies d'hiver y entretiennent la végétation pendant quelque temps, et forment des fontaines dont les eaux suffisent aux besoins des Arabes et de leurs troupeaux.

On remarque au débouché de ces gorges transversales, soit sur les bords de la mer Rouge, soit dans la vallée du Nil, des amas de cailloux roulés, tantôt formant une plage unie, tantôt présentant l'aspect de bancs plus ou moins élevés; matières que les eaux seules ont pu mettre en mouvement, et dont la disposition actuelle remonte à une époque antérieure aux temps historiques. Les mêmes graviers et cailloux roulés existent déposés de la même manière à l'entrée des gorges de la chaîne Libyque : ils forment, sur les deux rives du Nil, la limite du désert proprement dit ; car celle du terrain inculte se rapproche davantage de ce fleuve. Ce dernier sol, composé de sables légers, recouvre une étendue de terrain autrefois cultivable ; et ce sol, de formation nouvelle si on le compare au premier, éprouve des changemens journaliers par l'action des vents auxquels il doit son origine.

A partir de la ville de Syout, la montagne Libyque s'éloigne davantage du fleuve en se portant vers l'ouest. La plage recouverte de sables mobiles s'élargit de plus en plus par-tout où ces sables n'ont point rencontré de plantes ou d'arbustes qui arrêtent leur cours. Chassés par les vents d'ouest et de nord-ouest, ils poussent en quelque sorte devant eux le terrain propre à la culture ; sinon ils s'accumulent en dunes, ainsi qu'on le remarque sur la rive gauche du canal de Joseph.

Ce canal commence à Darout el-Cheryf, et suit, parallèlement au Nil, le pied de la montagne, sur une longueur d'environ dix-neuf myriamètres. Il reste entre ce canal et le Nil un espace de terres cultivables de douze kilomètres de largeur réduite : ces terres, pouvant être facilement arrosées, sont les plus productives de l'Égypte moyenne.

Pendant que le Nil, à partir de l'origine du canal de Joseph, prolonge son cours en s'appuyant au pied de la montagne escarpée et quelquefois coupée tout-à-fait à pic, qui forme sa rive droite, le canal de Joseph sert en quelque sorte de limite à la plaine sablonneuse par laquelle la chaîne Libyque se termine. Cette chaîne se retournant au nord-est, à la hauteur de Beny-Soueyf, rétrécit la vallée d'Égypte;

mais, comme elle présente dans la largeur de ce coude une ouverture dont le sol se trouve presque de niveau avec celui de la vallée, on y a fait passer une dérivation de ce canal, dont les eaux ont ainsi fertilisé une nouvelle province que le travail des hommes a conquise sur le désert. C'est l'ancien nome Arsinoïte, aujourd'hui le Fayoum ; il est enfermé au nord et au midi par le prolongement des deux côtés de la gorge d'el-Lâhoun, qui forment deux grandes courbes concaves. L'espace cultivable qu'elles comprennent, est à peu près de quatorze à quinze kilomètres de rayon.

Le milieu de ce terrain est une espèce de plateau séparé, au nord et à l'est, des montagnes qui l'environnent, par une longue vallée, dont une partie constamment submergée forme ce que les habitans du pays appellent *Birket el-Qeroun*, c'est-à-dire, *Lac de Caron*.

Un vallon plus petit contourne aussi le même plateau à l'ouest et au midi : il est séparé du lac de Caron par un isthme au moyen duquel le Fayoum se trouve, en quelque sorte, attaché au désert Libyque, du côté de l'ouest.

La montagne qui borde cette province au nord et à l'est, présente un escarpement continu, tandis que la montagne opposée s'incline doucement jusqu'à son sommet, éloigné de quinze ou seize myriamètres du terrain cultivé.

Après avoir dépassé la gorge par laquelle une partie de ses eaux entre dans le Fayoum, le canal de Joseph continue de suivre le pied de la colline qui forme le bord occidental de la vallée. Cette colline, en se rapprochant du Nil, semble devenir plus escarpée ; sa crête s'étend en formant un grand plateau horizontal, qui sépare la vallée d'Égypte de la province de Fayoum.

Les premières pyramides que l'on aperçoit en descendant du Sa'yd, sont bâties sur le bord de ce plateau : elles ne se montrent d'abord que de loin en loin ; elles deviennent plus nombreuses et se groupent dans la plaine de Saqqârah, dont les hauteurs dominent l'ancien emplacement de *Memphis ;* enfin les trois plus grandes couronnent une espèce de cap que présente la montagne Libyque à la hauteur du Kaire.

Le terrain cultivable renfermé entre le Nil et le prolongement du canal de Joseph dont nous venons de parler, n'a guère que cinq à six kilomètres de largeur réduite ; largeur qui cependant est encore plus considérable que celle du terrain cultivable qui forme sur la rive opposée la province actuelle d'Atfyeh. Les gorges dont la chaîne Arabique est entrecoupée à l'orient de cette dernière province, offrent plusieurs communications faciles avec la mer Rouge ; quelques monastères de Chrétiens Qobtes sont encore établis dans ces montagnes : on y retrouve aussi d'anciennes routes qui servoient au transport des matériaux tirés de différentes carrières qui paroissent y avoir été exploitées.

La haute Égypte et l'Égypte moyenne se réduisent, comme on voit, à une vallée étroite, au fond de laquelle le Nil est encaissé. La longueur de cette vallée, depuis l'île de *Philæ* jusqu'aux grandes pyramides, entre les 24.ᵉ et 30.ᵉ degrés de latitude, est d'environ quatre-vingt-six myriamètres en suivant les sinuosités du fleuve.

Au-delà du cap où sont bâties les grandes pyramides, la montagne Libyque, qui jusque-là se dirige du midi au nord, se retourne au nord-ouest, tandis que la montagne Arabique, désignée sous le nom de *Moqattam*, c'est-à-dire, *Montagne taillée*, à cause sans doute de la face abrupte qu'elle présente presque par-tout, se retourne carrément à l'est, immédiatement après avoir dépassé l'embouchure de la vallée de l'Égarement, la plus septentrionale de celles qui conduisent du Nil à la mer Rouge. Ainsi les directions de ces deux chaînes de montagnes forment entre elles, à partir de ce point, un angle d'environ cent quarante degrés, et comprennent une vaste baie, au milieu de laquelle s'étend jusqu'à la mer Méditerranée la portion de l'Égypte appelée *le Delta*. Cette étendue de terrain, susceptible de culture, n'atteint pas le pied des montagnes qui ont été les côtes primitives de cette baie : elle en est séparée, à l'ouest, par un espace inculte que des sables transportés de l'intérieur de la Libye ont envahi depuis long-temps et continuent d'envahir, et, à l'est, par une partie de la plaine déserte de l'isthme de Suez.

Le Nil, à vingt-cinq kilomètres du Kaire, en un lieu appelé *le Ventre de la Vache*, se partage aujourd'hui en deux branches principales. La première se dirige d'abord au nord-ouest, s'incline ensuite vers le nord, et se rend à la mer au-dessous de la ville de Rosette, après un cours développé de vingt myriamètres environ. La seconde, dont le développement est un peu plus considérable, coule directement au nord, sépare en deux parties presque égales le territoire de la basse Égypte, et se jette dans la mer au-dessous de Damiette. Ces deux branches du Nil prennent le nom des deux villes où elles ont leurs embouchures.

La branche de Rosette se prolonge parallèlement à la limite du désert Libyque, jusqu'à une distance de deux ou trois kilomètres du village de Terrâneh, à sept myriamètres du Kaire : c'est à ce point que se termine contre une digue le canal des pyramides ou d'el-A'sarah, qui n'est autre chose que le prolongement du canal de Joseph ; il arrête dans la partie inférieure de son cours, comme dans l'Égypte moyenne, les sables qui viennent de l'ouest ; la stérilité de toute sa rive gauche, qui en est recouverte, contraste de la manière la plus frappante avec la fertilité des campagnes de la rive opposée, qui peuvent être arrosées facilement, soit par des dérivations de ce canal, soit par des dérivations immédiates du fleuve.

A partir de Terrâneh jusqu'à l'origine du canal de la province de Bahyreh, que l'on rencontre à trois myriamètres plus bas, c'est le Nil lui-même qui s'oppose à l'invasion des sables : ils sont arrêtés par la ligne de roseaux dont sa rive gauche est bordée, et s'y amoncellent en dunes presque abruptes.

Le canal de la Bahyreh, qui se dirige ensuite au nord-ouest jusqu'au lac Maryout, autrefois *Mareotis*, semble uniquement destiné à protéger l'Égypte contre l'invasion de ces mêmes sables, tandis que la branche de Rosette, se portant directement au nord, traverse une vaste plaine qu'elle fertilise par de nombreuses dérivations, dont les plus considérables sont, à l'ouest, les canaux de Damanhour, de Rahmânyeh et de Deyrout.

Le premier de ces canaux, après un développement de quatre myriamètres, se termine à la ville dont il porte le nom ; le second, qui arrose la partie la plus fertile de l'intérieur de la province, sert à approvisionner d'eau du Nil les citernes d'Alexandrie; enfin le troisième se jette dans le lac d'Edkoû.

La portion de l'Égypte comprise entre le désert Libyque et la branche de Rosette n'est point immédiatement contiguë à la mer; elle en est séparée, en allant de l'ouest à l'est, par l'ancien lac *Mareotis*, le lac Ma'dyeh ou d'Abouqyr, et le lac d'Edkoû.

Les deux premiers ne sont séparés l'un de l'autre que par une langue de terre fort étroite, sur laquelle est établie la partie inférieure du canal de Rahmânyeh ou d'Alexandrie. Entre ces deux lacs et la mer court du sud-ouest au nord-est une chaîne continue de rochers calcaires, qui est le prolongement de la côte d'Afrique. Une des anfractuosités qu'elle présente, est couverte par l'ancienne île de *Pharos*, et forme le port d'Alexandrie. La même bande de rochers calcaires se prolonge de deux myriamètres au-delà de ce port, jusqu'au fort d'Abouqyr, devant lequel est situé l'îlot qui termine cette chaîne.

Le rivage d'Égypte, en se prolongeant à l'est depuis la rade d'Abouqyr, ne présente aucun banc de matière solide qui puisse résister aux efforts de la mer. Ce n'est plus qu'une plage sablonneuse, qui s'élève à peine au-dessus des eaux, et derrière laquelle le terrain plus déprimé est submergé pendant une grande partie de l'année par les dérivations du Nil depuis Rahmânyeh jusqu'à Rosette. Cette espèce de lagune est le lac d'Edkoû, dont nous avons déjà parlé.

Le Delta proprement dit, compris dans l'angle que forment les branches de Rosette et de Damiette, est arrosé par différens canaux, qui sont, pour la plupart, tirés de cette dernière branche. Le plus méridional de ces canaux est celui de Menouf, qui prend son origine à un myriamètre du *Ventre de la Vache*, et se rend dans la branche de Rosette au-dessous de Terrâneh: il coupe obliquement la pointe du Delta; et comme, à partir de cette pointe, les eaux qui suivent ce canal ne parcourent qu'environ cinq myriamètres, tandis qu'elles en parcourent six en suivant la branche de Rosette entre les mêmes extrémités, elles se trouvent naturellement entraînées par l'effet de cette plus grande pente dans le canal de Menouf, qui deviendroit bientôt le seul chemin qu'elles suivroient, si l'on ne prenoit pas soin d'entretenir la digue de Fara'ounyeh, placée à son origine dans le Nil pour régler convenablement le volume des eaux qui doivent y être introduites.

On trouve, en continuant de descendre la branche de Damiette, à six kilomètres de l'entrée du canal de Menouf, une seconde dérivation de cette branche. Ce second canal se dirige au nord-ouest dans l'intérieur du Delta, sur la ville de Chybyn el-Koûm, dont il prend le nom, et derrière laquelle il se partage en deux bras, l'un qui continue de suivre la même direction, jusqu'au lieu appelé *Farestaq*, où il se termine dans la branche de Rosette, après neuf myriamètres de cours; l'autre, appelé *canal de Melyg*, descend vers le nord à Mehallet el-Kebyr, et se réunit, à environ vingt-cinq kilomètres de cette ville, au canal d'el-Ta'bânyeh.

Celui-ci est la troisième dérivation occidentale de la branche de Damiette; elle a son origine entre les villes de Semennoud et de Mansourah, et se perd, à six myriamètres de cette origine, dans le lac Bourlos.

Ce lac ne reçoit pas seulement le canal d'el-Ta'bânyeh; il reçoit encore toutes les eaux qui, répandues dans l'intérieur du Delta par une multitude de petites dérivations immédiates du Nil, ou des quatre grands canaux de Menouf, de Chybyn el-Koum, de Melyg et d'el-Ta'bânyeh, ne sont point employées à l'irrigation des campagnes, ou dissipées par l'évaporation.

La plus grande longueur du lac Bourlos depuis le village de Berenbâl, situé presque en face de Rosette, et le village de Beltym, situé à la pointe la plus septentrionale de l'Égypte, est de six myriamètres ; sa plus grande largeur, de trois. Sa surface est couverte d'une multitude d'îles qui servent de refuge aux pêcheurs.

Une langue de terre, ou plutôt une simple crête de sable, sur laquelle s'élèvent de petites dunes de distance en distance, sépare le lac Bourlos de la mer. Cette crête se prolonge, en s'amincissant de plus en plus, du sud-ouest au nord-est, depuis le boghâz ou l'embouchure de Rosette, jusqu'à celle du lac, à six myriamètres plus loin : c'est la seule ouverture par laquelle s'écoulent à la mer toutes les eaux de l'intérieur du Delta.

Au-delà de cette embouchure, la plage sablonneuse dont la côte est formée, s'élargit tout-à-coup : les dunes s'y élèvent davantage à l'abri des plants de palmiers et de vignes que cultive la population de douze ou quinze villages qui dépendent tous de celui de Beltym, autour duquel ils se groupent. Ces établissemens couvrent le cap Bourlos, la pointe la plus septentrionale de l'Égypte : quand on les a dépassés, la plaine de sable qui borde la mer, court vers le sud-est sur la largeur d'un myriamètre environ; et c'est en cheminant à travers cette plaine inculte, dont une ramification du canal d'el-Ta'bânyeh arrête l'extension dans les terres du Delta, que l'on arrive à l'embouchure de la branche de Damiette, après une marche de huit myriamètres environ.

Nous venons d'indiquer les principaux canaux dérivés de la rive gauche de cette branche; nous allons suivre le même ordre dans l'indication de ceux qui sont dérivés de la rive droite pour arroser les provinces orientales de l'Égypte.

Le premier, en remontant jusqu'au Kaire, est celui qui traverse cette ville, arrose la plaine d'*Heliopolis*, alimente le lac des Pélerins, et vient enfin se jeter, après un cours de trois myriamètres et demi, dans le canal d'Abou-Meneggy, qui sert spécialement aujourd'hui à l'arrosage de la province de Qelyoub. La prise d'eau de ce second canal est à dix kilomètres du Kaire : il se dirige d'abord vers le nord sur deux myriamètres environ de développement; s'inclinant ensuite au nord-ouest, il passe à Belbeys, et se prolonge, en bordant le désert, jusqu'à l'entrée d'une vallée qui court directement de l'ouest à l'est à travers l'isthme de Suez jusqu'au bassin des lacs amers, où elle débouche. On retrouve dans cette vallée les vestiges d'un ancien canal auquel la dérivation d'Abou-Meneggy semble avoir été destinée autrefois à fournir des eaux : cette même dérivation se prolonge ensuite vers l'ancienne ville de Bubaste, au-delà de laquelle sa direction laisse reconnoître, jusqu'aux marais de Péluse, où elle se perd, les vestiges de la branche la plus orientale du Nil, que le temps a oblitérée, et dont le développement peut être environ de seize myriamètres.

Les deux canaux d'*Heliopolis* et d'Abou-Meneggy ont leur origine au-dessus du *Ventre de la Vache*. C'est à environ un myriamètre au-dessous que l'on trouve, en descendant la branche de Damiette, l'entrée du canal de Moueys : il se dirige au nord-est entre les deux provinces de Charqyeh et de Mansourah, et se termine, à douze myriamètres de son origine, dans le lac Menzaleh, après avoir baigné les ruines de l'ancienne ville de *Tanis*, à quinze kilomètres au-dessus de son embouchure.

Entre ces ruines et celles de Mendès, qui en sont éloignées de trois myriamètres à l'ouest, la plaine de Daqahlyeh est inondée communément pendant huit mois de l'année par les eaux de plusieurs canaux d'irrigation qui y aboutissent.

Le canal de Moueys supplée à l'arrosage de la plus grande partie des terres situées sur sa rive gauche, de sorte que la branche de Damiette n'est appauvrie d'aucune autre dérivation importante depuis l'entrée de ce canal jusqu'à la ville de Mansourah, située à dix myriamètres plus loin. Là commence le canal d'Achmoun, qui se dirige à l'orient sur les ruines de Mendès, et se prolonge ensuite au milieu d'une lisière de terres cultivables, de deux ou trois kilomètres de large, resserrée au sud par le marais de Daqahlyeh et au nord par le lac Menzaleh, où il se jette après un cours de six myriamètres.

A partir de Mansourah, le Nil se prolonge de sept myriamètres environ jusqu'à son embouchure, à quinze kilomètres au-dessous de Damiette. La portion de l'Égypte comprise entre cette branche du fleuve et la plaine inculte de l'isthme de Suez se termine, du côté de la mer, comme le Delta proprement dit, par un grand lac dont nous avons déjà parlé et qui a reçu son nom de la ville de Menzaleh, située sur sa rive méridionale. Ce lac, couvert d'un grand nombre d'îlots, s'étend du nord-ouest au sud-est, depuis Damiette jusqu'à la plaine de Péluse, sur une longueur de cinq myriamètres et demi; sa largeur moyenne est environ du double. Les eaux de l'intérieur qu'il reçoit, se dégorgent à la mer par trois embouchures ouvertes dans la crête de sable qui l'en sépare. Ces trois ouvertures sont, en allant de l'ouest à l'est, celles de Dybeh, de Gemyleh et d'Omm-fâreg, et chacune d'elles correspond précisément à l'extrémité de chacun des canaux d'Achmoun, de Moueys, et de l'ancienne branche Pélusiaque. Le prolongement de leur cours à travers les eaux du lac se distingue aisément, lors de l'inondation, par l'eau douce qu'on y puise, tandis que, hors de ces courans, l'eau est plus ou moins saumâtre.

L'embouchure du Nil à Damiette est, comme celle de la branche occidentale de ce fleuve, en saillie sur la côte; elle s'avance même un peu plus vers le nord. A droite de cette embouchure commence la bande sablonneuse qui forme la digue extérieure du lac Menzaleh : elle court du nord-ouest au sud-est, et ne diffère de celle du lac Bourlos qu'en ce qu'elle est beaucoup plus étroite et que les dunes y sont beaucoup plus rares.

La basse Égypte, telle que nous venons d'essayer de la décrire, présente, comme on voit, une vaste plaine triangulaire, traversée du midi au nord par le Nil, qui se bifurque vers le sommet de ce triangle : elle est sillonnée dans tous les sens par une multitude de canaux, qui tous tirent leur origine du fleuve; et leurs

eaux,

eaux, avant de se rendre à la mer, entretiennent, derrière la crête sablonneuse qui en forme la côte, une suite de lacs et de marécages.

Cette côte, depuis Alexandrie jusqu'à Péluse, présente une grande courbe de trente myriamètres de développement, tournant au nord sa convexité, sur laquelle sont très-sensiblement en saillie la pointe d'Abouqyr et les deux embouchures actuelles du Nil. Précisément au milieu de la distance qui les sépare se trouve le cap Bourlos, point le plus septentrional de l'Égypte.

Il est situé sous le même méridien que les pyramides, à une distance de dix-huit myriamètres, comprise entre les 29° 59′ et 31° 35′ 30″ de latitude. Ainsi l'Égypte entière, depuis la dernière cataracte jusqu'à la pointe de Bourlos, comprend en latitude un intervalle de sept degrés et demi et une superficie d'environ 2,100,000 hectares de terrains cultivables.

Environnée, de tous les côtés, de déserts privés d'eau douce, l'Égypte n'est habitable que parce qu'elle sert en quelque sorte de lit à la partie inférieure du Nil. C'est aux débordemens périodiques de ce fleuve qu'elle doit la fertilité qui l'a rendue justement célèbre.

Ce débordement annuel fut dans l'antiquité l'objet de l'admiration des voyageurs et des historiens; et sa cause, une espèce de mystère dont ils donnèrent des explications diverses. On sait aujourd'hui que ce phénomène est dû aux pluies qui tombent en Abyssinie. Elles submergent pendant plusieurs mois de l'année un immense plateau: elles s'écoulent dans le bassin du Nil, leur dernier réceptacle; et ce fleuve, chargé seul d'en porter le tribut à la mer, les verse à son tour sur l'Égypte.

On commence vers le solstice d'été à s'apercevoir de la crue du Nil, au-dessous de la dernière cataracte. Cette crue devient sensible au Kaire dans les premiers jours de juillet: c'est là que les Français ont pu en observer la marche au moyen du Nilomètre établi à l'extrémité méridionale de l'île de Roudah.

Pendant les six ou huit premiers jours, il croît par degrés presque insensibles; bientôt son accroissement journalier devient plus rapide : vers le 15 d'août, il est à peu près arrivé à la moitié de sa plus grande hauteur, qu'il atteint ordinairement du 20 au 30 de septembre. Parvenu à cet état, il y reste dans une sorte d'équilibre pendant environ quinze jours, après lesquels il commence à décroître beaucoup plus lentement qu'il ne s'étoit accru. Il se trouve, au 10 de novembre, descendu de la moitié de la hauteur à laquelle il s'étoit élevé; il baisse encore jusqu'au 20 du mois de mai de l'année suivante. Ces variations cessent de se faire apercevoir sensiblement, jusqu'à ce qu'il recommence à croître à peu près à la même époque que l'année précédente.

Lorsque le Nil entre en Égypte, au moment de sa crue, ses eaux bourbeuses sont chargées de sable et de limon qui leur donnent une couleur rougeâtre ; elles conservent cette couleur pendant toute la durée du débordement, et ne la perdent que peu à peu, à mesure qu'elles rentrent dans leur lit; elles redeviennent enfin parfaitement claires.

Nous avons représenté graphiquement la loi de l'accroissement et du décroissement du Nil, tels qu'ils ont été mesurés au Kaire pendant les années 1799,

1800 et 1801 *(fig. 1.ʳᵉ de la planche jointe à ce Mémoire)*. On voit que cette loi est indiquée par une courbe sinueuse assez régulière. Les petites inflexions qu'elle présente en sens opposé, pendant la durée de la crue, proviennent de ce que le volume du fleuve, avant d'arriver au Kaire, est diminué de toutes les dérivations qui en sont faites pour alimenter les différens canaux de la haute Égypte. Ces anomalies sont moins sensibles pendant le décroissement, parce qu'aucune cause de la même nature n'en altère la loi. On voit aussi, en comparant les crues d'une année à l'autre, qu'il y a de grandes différences entre elles. Celle de 1799, par exemple, que l'on regarde comme une des plus foibles, parvint à sa plus grande hauteur le 23 septembre, et ne s'éleva que de 6ᵐ,857 au-dessus des basses-eaux. Celle de 1800, qui fut au contraire comptée parmi les plus fortes, parvint, le 4 octobre, à 7ᵐ,961 de hauteur. On peut donc, sans erreur sensible, fixer la crue moyenne du Nil entre la crue de l'année 1799 et celle de 1800 que nous venons de rapporter; elle sera ainsi de 7ᵐ,419 (1).

Si, parmi les prodigieux ouvrages exécutés en Égypte, les canaux d'irrigation ne sont pas ceux qui ont excité le plus d'admiration, du moins il est probable que ce sont les plus anciens; et il est certain que, sans ces travaux exclusivement consacrés à l'utilité publique, la population de cette contrée ne se seroit jamais élevée au point où il paroît qu'elle s'éleva autrefois. Ces canaux sont dérivés de différens points du Nil sur l'une et l'autre de ses rives, et ils en portent les eaux jusqu'au bord du désert. De distance en distance, à partir de cette limite, chaque canal d'irrigation est barré par des digues transversales qui coupent obliquement la vallée en s'appuyant sur le fleuve. Les eaux que le canal conduit contre l'une de ces digues, s'élèvent jusqu'à ce qu'elles aient atteint le niveau du Nil au point d'où elles ont été tirées. Ainsi tout l'espace compris dans la vallée entre la prise d'eau et la digue transversale forme, pendant l'inondation, un étang plus ou moins étendu. Lorsque cet espace est suffisamment submergé, on ouvre la digue contre laquelle l'inondation s'appuie : les eaux se déversent, après cette opération, dans le prolongement du canal au-dessous de cette digue; et elles continueroient de s'y écouler, si, à une distance convenable, elles n'étoient pas arrêtées par un second barrage, contre lequel elles sont obligées de s'élever de nouveau pour inonder l'espace renfermé entre cette digue et la première. Quelquefois un canal dérivé immédiatement du Nil au-dessous de celle-ci rend cette inondation plus complète.

Ces digues transversales que l'on voit se succéder de distance en distance, en descendant le Nil, sont dirigées ordinairement d'un village à l'autre, et forment une espèce de chaussée, au moyen de laquelle ces villages communiquent entre eux dans toutes les saisons de l'année, parce qu'elle est assez élevée au-dessus de la plaine pour surmonter les plus hautes eaux.

La vallée de la haute Égypte présente, comme on voit, lors de l'inondation, une suite d'étangs ou de petits lacs disposés par échelons les uns au-dessous des autres, de manière que la pente du fleuve, entre deux points donnés, se trouve,

---

(1) Cette hauteur de 7ᵐ,419 équivaut à treize coudées dix-sept doigts de la colonne du Meqyâs et à quatorze coudées du Nilomètre d'Éléphantine.

sur ses deux rives, distribuée par gradins; on voit que l'on a fait pour l'irrigation de ce pays précisément le contraire de ce qu'on feroit pour opérer le desséchement d'une vallée qui seroit obstruée par des barrages consécutifs.

Lorsque la largeur de la vallée est très-considérable, comme cela a lieu sur sa rive gauche depuis Syout jusqu'à l'entrée du Fayoum, le canal dérivé du Nil suit le plus près possible la limite du désert sans aucun barrage transversal; mais alors il devient semblable à une nouvelle branche du Nil, et l'on dérive de cette branche, comme du fleuve lui-même, les canaux d'irrigation qui vont porter contre des digues secondaires les eaux destinées à inonder le pays.

Ce système d'arrosement n'éprouve de modification que dans la province du Fayoum. La configuration de son sol permet d'y conduire les eaux du canal de Joseph sur un point culminant, d'où elles sont distribuées par une multitude de petits canaux, pour fertiliser le territoire de chacun des villages dont est couverte la plaine inclinée qui borde le Birket el-Qeroun à l'ouest et au midi.

Les eaux ne doivent couvrir le sol que pendant un certain temps, afin que les travaux d'agriculture puissent se faire dans la saison convenable. Le desséchement des terres s'opère naturellement alors par la rupture des digues qui soutenoient les eaux; et c'est après avoir séjourné plus ou moins dans les espèces de compartimens en échelons compris entre les digues consécutives, que le superflu de l'irrigation va se perdre dans les lacs et marécages qui servent de bornes à la partie septentrionale du Delta.

L'indication que nous venons de donner de la disposition respective des canaux et des digues de l'Égypte supérieure, explique suffisamment comment on peut arroser une étendue plus ou moins considérable de pays, suivant que la crue du Nil est plus ou moins forte.

Le même système d'irrigation est suivi dans la basse Égypte. Les grands canaux dérivés des deux branches de Rosette et de Damiette alimentent à leur tour des dérivations secondaires, dont les eaux sont soutenues par des digues qui traversent la campagne dans tous les sens, en allant d'un village à l'autre; chacun d'eux s'élève au-dessus de ces digues, comme une espèce de monticule qu'accroissent chaque année les dépôts d'immondices et de décombres que les Égyptiens sont dans l'usage d'accumuler autour de leurs habitations.

SECTION II.

*Volume des **Eaux du Nil**. — Nivellemens transversaux dans la Vallée. — Sondes du Terrain.*

Ce que nous avons dit, dans la section précédente, de l'aspect extérieur de l'Égypte, pouvoit être remarqué par tous les voyageurs qui ont parcouru ce pays en observateurs attentifs; mais les recherches qui nous restoient à faire sur le régime du Nil, sur le relief et la pente transversale de la vallée qu'il arrose, enfin sur la nature et la profondeur du sol qui la recouvre, exigeoient une réunion de

2. *H. N.* B 2

moyens que des voyageurs isolés n'avoient jamais eue à leur disposition, et que les circonstances mettoient à la nôtre.

Je partis du Kaire le 29 ventôse an 7 [19 mars 1799], avec plusieurs membres de l'Institut et de la Commission des sciences et arts, pour aller rejoindre la division du général Desaix, qui occupoit la haute Égypte. Les recommandations dont nous étions munis pour ce général, son empressement à concourir à l'exploration d'une contrée dont il paroissoit avoir consolidé la conquête, et sur-tout son vif desir de faire tourner à la gloire de la France les divers résultats de l'expédition à laquelle il étoit attaché, nous donnoient l'assurance de trouver près de lui toutes les ressources nécessaires à l'objet de notre mission : il réalisa nos espérances à cet égard; et MM. les généraux qui commandoient sous ses ordres (1), doivent partager ici, pour l'accueil bienveillant que nous en avons reçu, l'hommage de reconnoissance que nous rendons à sa mémoire.

Nous étions embarqués sur le Nil ; mais la foiblesse du vent de nord, à l'aide duquel nous devions remonter le courant, nous permettoit souvent de mettre pied à terre et de suivre à pied notre barque, qui étoit tirée à la cordelle.

Les vents contraires, assez fréquens dans cette saison, nous obligèrent même plusieurs fois de nous arrêter, en attendant qu'un vent favorable recommençât à souffler. Le 7 germinal [27 mars], une de ces stations forcées nous laissa, un peu au-dessous de la ville de Manfalout, le temps de lever une section transversale du Nil *(fig. 2)* et d'en mesurer la vîtesse.

Cet endroit étoit d'autant plus propre à cette opération, que le lit du fleuve y est rectiligne sur plusieurs kilomètres de longueur. Les talus de ses berges furent trouvés inclinés l'un et l'autre de deux fois leur hauteur, et la vîtesse superficielle du courant, au fil de l'eau, de $0^m,75$ par seconde ; ce qui suppose une vîtesse moyenne de $0^m,60$ environ.

Ce talus incliné de deux pour un, s'élevant depuis la surface des basses eaux jusqu'au niveau des plus grandes inondations, est évidemment celui qui convient au régime du Nil; et cette observation peut concourir à la détermination de ce régime.

La largeur du fleuve au niveau de l'eau étoit de 678 mètres, et sa section vive de 1129 mètres superficiels, lesquels multipliés par la vîtesse de $0^m,60$ donnent une dépense de 678 mètres cubes par seconde.

Nous arrivâmes à Syout le lendemain 8 germinal [28 mars]; et le séjour de près de deux mois que nous y fîmes, nous permit d'y multiplier nos observations.

La largeur totale de la vallée sur ce point est de dix mille mètres, dans lesquels celle du lit du Nil est comprise pour huit cents. Il coule à trois mille mètres de la montagne Libyque, et à six mille environ de la montagne opposée. Cette plaine est coupée entre le fleuve et les deux déserts qui la bordent par plusieurs canaux, dont le principal sur la rive gauche est celui qui est dérivé du Nil à el-Saouâqyeh, au-dessous de Girgeh. Il suit le pied de la montagne occidentale, où les catacombes de Syout ont été pratiquées. Sa largeur est d'environ cent soixante mètres.

Après avoir passé sur la rive droite du fleuve, on traverse, à six cents mètres de

(1) MM. les généraux Zayoncheck, aujourd'hui vice-roi de Pologne, Béliard, Davoust, Donzelot, Friant.

distance, en allant vers la montagne Arabique, un premier canal ; on en traverse un second à cinq cents mètres plus loin : ils peuvent avoir l'un cent cinquante et l'autre deux cents mètres de largeur.

Plusieurs digues transversales s'élèvent d'un mètre ou d'un mètre et demi au-dessus du terrain naturel, lequel, au surplus, est toujours d'environ $0^m,80$ ou au moins de $0^m,60$ plus élevé en amont qu'en aval de ces digues.

La plus considérable se trouve sur la rive gauche du Nil ; elle est destinée à soutenir, entre ce fleuve et la montagne Libyque, les eaux du canal d'el-Saouâqyeh : elle s'élève à $1^m,20$ au-dessus du sol ; ce qui suppose que les plus hautes inondations ne parviennent point à cette hauteur.

Le 11 germinal [31 mars], nous mesurâmes, au port de Syout, la vîtesse et le volume des eaux du Nil, entre deux sections transversales distantes l'une de l'autre de trois cent trente mètres. La largeur de la section d'en bas fut trouvée de deux cent quarante-cinq mètres, et sa superficie de six cent quatre mètres *(fig. 3)*; la largeur de la section d'en haut fut trouvée de cent soixante-dix-neuf mètres, et sa surface de cinq cent vingt mètres carrés *(fig. 4)* : la section moyenne étoit par conséquent de cinq cent soixante-deux mètres carrés.

Un flotteur abandonné au fil de l'eau parcourut en trois minutes trente-sept secondes la distance de trois cent trente mètres, comprise entre les deux sections extrêmes ; la vîtesse superficielle étoit donc de $1^m,52$ par seconde.

Si l'on diminue cette vîtesse superficielle d'un cinquième, on obtient $1^m,21$ de vîtesse moyenne, laquelle, multipliant la section vive de 562 mètres, donne, pour le volume des eaux du Nil au port de Syout, 679 mètres cubes, résultat qui présente, avec celui de l'expérience faite au-dessous de Manfalout, un accord singulier que l'on ne peut attribuer qu'à une sorte de hasard, malgré le soin qu'on apporta aux opérations dont ces résultats sont déduits.

Le volume du Nil s'accroît considérablement lors de l'inondation ; sa surface s'élève de six mètres au-dessus des basses eaux dans le plan de la section transversale où notre première jauge a été faite *(fig. 2)*. La superficie de cette section se trouve ainsi augmentée de quatre mille soixante-huit mètres ; elle est alors par conséquent de cinq mille cent quatre-vingt-dix-sept mètres carrés. Le pourtour développé du lit du fleuve est en même temps de sept cent six mètres ; et comme sa pente varie des basses aux hautes eaux dans le rapport des nombres 5284 et 12863, on trouve aisément, par une application des règles de l'hydraulique, que la vîtesse moyenne du Nil, à cette époque et dans cet endroit, est de $1^m,97$, et son produit, par seconde, de 10247 mètres cubes (1).

---

(1) Si l'on appelle S la section vive d'un courant d'eau, P le périmètre de cette section, h la pente de ce courant, u sa vîtesse uniforme, et m un coefficient constant donné par l'expérience, la condition de l'uniformité du mouvement sera, comme on sait, exprimée par cette formule :
$$Sh = m\,Puu.$$
On a de même, pour un autre état du même courant,
$$S'h' = m\,P'u'u';$$
équation dans laquelle les lettres accentuées expriment des quantités de même espèce que celles qui sont exprimées dans la première formule par les mêmes lettres sans accens.

Supposons que ces deux formules s'appliquent à l'état du Nil lors des basses et lors des hautes eaux.

Les quantités S, P, et u ont été observées pour la section transversale du Nil *(fig. 2)*, levée le 7 germinal, et nous avons conclu les quantités S' et P' de l'indication que nous avons eue sur les berges du Nil, de la hauteur à laquelle il s'élève lors de l'inondation.

Quant aux pentes h et h', elles n'ont point été

Nous avons trouvé que, lors des basses eaux, il étoit à peu près de 678 mètres; ces produits varient donc, du solstice d'été à l'équinoxe d'automne, dans le rapport de 1 à 15 environ : mais il faut observer que les jauges que nous venons de rapporter ont été faites à une distance de cinquante-cinq myriamètres de la dernière cataracte, limite méridionale de l'Égypte; et que le Nil, tel que nous venons d'en calculer le volume, est appauvri de toutes les dérivations déjà faites dans toute cette étendue, pour arroser ses deux rives; de sorte qu'on peut regarder le volume de ce fleuve, au moment où il est parvenu à son *maximum* d'accroissement, comme vingt fois au moins plus considérable que lorsqu'il commence à croître.

Les deux berges du Nil, comme celles de tous les autres fleuves, présentent dans le même profil transversal une inclinaison différente, toutes les fois que le courant ne se dirige point en ligne droite, ou n'est point encaissé entre des parois solides. Lorsque les observations que nous venons de rapporter ont été faites à Syout, la rive gauche étoit la plus abrupte, parce que le courant s'y portoit, et cependant le talus de sa berge avoit encore vingt-cinq mètres de base sur neuf mètres d'élévation : c'est une inclinaison d'environ trois mètres de base sur un de hauteur.

L'inclinaison de la rive opposée étoit beaucoup plus douce, parce que les matières chariées par le courant se déposoient sur cette rive en prenant le talus convenable à leur degré de ténuité : ainsi les sables les plus pesans formoient la base de ce talus sous l'inclinaison la plus forte; les sables plus légers étoient placés au-dessus sous une inclinaison moindre; enfin le limon proprement dit formoit la crête de la berge et se raccordoit horizontalement avec le terrain de la plaine.

Le profil de cette berge présentoit, comme on voit *(fig. 3 et 4)*, une courbe convexe dont la pente totale vers le Nil étoit de dix mètres, sur un développement de six cent quarante : c'est une inclinaison réduite de $0^m,016$ par mètre; rampe extrêmement douce et l'une des moindres que l'on soit dans l'usage de donner aux grands chemins.

Quant aux talus des berges des canaux d'irrigation qui ont été creusés à bras d'homme, ils ont ordinairement 50 mètres de longueur sur $3^m,50$ environ de hauteur verticale.

Lorsque ces canaux sont remplis d'eau et que le Nil commence à baisser, on élève à leur tête un barrage en terre pour retenir les eaux qu'ils contiennent et les empêcher de s'écouler dans le fleuve; ce qui laisseroit la campagne à sec pendant une partie de l'année. On ferme de la même manière les ouvertures qui avoient été pratiquées pour l'irrigation du sol inférieur, dans les digues transversales

---

déterminées pour cette section; mais on peut supposer, sans avoir de grandes erreurs à craindre, qu'elles suivent entre elles le même rapport que les pentes de la partie inférieure du fleuve aux mêmes époques, depuis le Kaire jusqu'à la mer. Or ces pentes, d'après les nivellemens de notre collègue M. Le Père, sont, lors des basses eaux, de $5^m,284$, et lors de l'inondation, de $12^m,863$.

C'est au moyen de ces données qu'il s'agit d'assigner la vitesse u' du Nil, correspondante au profil de la *fig.* 2 à cette dernière époque.

On tire des deux équations précédentes,

$$u'u' = \frac{P\,u\,u\,S'\,h'}{P'\,S\,h} :$$

mais on a en valeurs numériques,

$$P = 680 \text{ mèt.} \qquad P' = 706 \text{ mèt.}$$
$$S = 1129 \text{ mèt. carrés.} \qquad S' = 5197 \text{ mèt. carrés.}$$
$$h = 5^m,284. \qquad h' = 12^m,863.$$
$$u = 0^m,60 \text{ par seconde.}$$

lesquelles étant substituées dans la formule, donnent, $\text{mèt. carrés},8855$,

et, par conséquent, $u' = 1^m,971$.

dont nous avons parlé plus haut : on conserve par ce moyen, sur plus ou moins d'étendue, les eaux nécessaires aux arrosemens des terres pendant le printemps et l'été ; ces arrosemens sont d'autant moins pénibles, que le niveau de l'espèce de réservoir destiné à les alimenter se soutient plus haut au-dessus du Nil. Au mois de floréal an 7 [mai 1799], par exemple, la surface de l'eau dans le canal d'el-Saouâqyeh, immédiatement en aval de la digue de Syout, n'étoit inférieure que de cinq mètres au sol de la plaine, tandis que le niveau du Nil étoit descendu à neuf mètres au-dessous.

Ces eaux, réservées d'une année à l'autre dans l'intérieur du pays, se trouvent dissipées par l'évaporation, ou perdues par des infiltrations souterraines, ou bien elles ont été employées utilement aux besoins de l'agriculture, lorsque le Nil recommence à croître de nouveau. Les dérivations qui sont faites de ce fleuve, ne sont donc pas destinées seulement à une irrigation naturelle et momentanée; elles doivent encore servir à des arrosemens artificiels, lorsque les terres ont été dépouillées de leurs premières récoltes : ainsi le débordement du Nil n'est pas pour les Égyptiens un bienfait dont la jouissance se borne à la durée de quelques mois ; elle se prolonge dans toutes les saisons.

La crainte de la stérilité à laquelle l'Égypte seroit condamnée, si le Nil ne s'élevoit pas assez pour entrer dans les canaux qui en sont dérivés, et les espérances qu'il fait naître quand il parvient à une hauteur suffisante, fournissent, comme on voit, l'explication des fêtes et des réjouissances annuelles dont la rupture des digues qui ferment les canaux, est généralement l'occasion.

Les divers renseignemens que nous venons de présenter sur la configuration extérieure du terrain, sont les résultats de plusieurs nivellemens entrepris dans la plaine de Syout: ils ont appris que la surface de cette plaine étoit à très-peu près horizontale, et, comme nous l'avons déjà dit, élevée d'environ neuf mètres au-dessus des basses eaux du Nil. Il nous restoit à reconnoître par des sondes la nature du sol dont elle est formée. Pour y parvenir méthodiquement, on traça une ligne droite de 3260 mètres de longueur entre la montagne Libyque et le fleuve ; on creusa sur cette ligne, de distance en distance, un certain nombre de puits verticaux où l'on pouvoit aisément descendre au moyen d'entailles pratiquées dans leurs parois, et reconnoître les couches superposées du terrain fouillé *(fig. 5)*. Pour montrer maintenant jusqu'à quel point ces sondes ont été utiles à l'objet que nous avions en vue, il est nécessaire d'indiquer le résultat de chacune d'elles.

Le puits n.° 1 a été creusé au fond du canal d'el-Saouâqyeh, qui se trouvoit à sec à cette époque, en amont de la digue de Syout; on s'est enfoncé à trois mètres de profondeur dans une masse de limon noirâtre, semblable au sol cultivable : à cette profondeur, l'eau a surgi au fond du puits; ce qui a forcé d'en suspendre la fouille.

Ce puits étoit éloigné d'environ cent vingt mètres d'un étang formé à l'aval de la digue, par la chute des eaux du canal, lors de l'inondation. Cet étang, où les eaux séjournent pendant les plus grandes sécheresses de l'année, sert d'abreuvoir aux bestiaux. Le niveau de l'eau y étoit élevé de 0^m,83 au-dessus du fond de la fouille dont il vient d'être question.

Le puits n.° 2, à deux cents mètres plus loin en allant vers le Nil, fut creusé, à partir du sol, dans une couche de limon de 6^m,41 d'épaisseur; cette couche reposoit sur une masse de sable gris quartzeux et micacé, que l'on fouilla sur une profondeur de 1^m,25, à laquelle l'eau commença à paroître.

A trois cent soixante mètres de distance du précédent, le puits n.° 3 fut creusé dans une couche de limon de 6^m,25 d'épaisseur, qui étoit soutenue par une couche de la même substance mêlée de sable gris micacé : on s'enfonça dans celle-ci de 2^m,19, avant d'être arrêté par l'eau.

En suivant la même direction, et à quatre cent trente mètres plus loin, au-delà d'un canal d'irrigation dérivé du Nil, on rencontre la digue qui couvre la ville de Syout : le puits n.° 4 fut creusé dans le massif de cette digue; on la trouva composée, à partir du sol, de terres rapportées, de décombres, de fragmens de briques et de débris de vases de terre. Ce remblai, de 3^m,89 de hauteur, est assis sur un massif de limon du Nil : la fouille y fut continuée de 3^m,36, avant de rencontrer l'eau.

A trois cent quarante mètres au-delà, on traversa d'abord, en creusant le puits n.° 5, une couche du limon du Nil, très-pur, de 3,^{m}35 de hauteur; on traversa ensuite une masse de limon mêlée de sable jusqu'à 2^m,76 de profondeur, où l'eau commença à se montrer.

Le puits n.° 6, ouvert à quatre cents mètres du précédent, dans le milieu d'une rigole de dérivation, indiqua une couche superficielle de limon de 1^m,30 d'épaisseur, reposant sur un lit de sable et de limon mélangés de mica : ce lit est soutenu lui-même par une masse de sable gris dans laquelle on s'enfonça de 2^m,05, jusqu'à ce que l'on fut arrêté par l'eau.

En creusant le puits n.° 7 à deux cent seize mètres, on trouva d'abord 1^m,38 d'épaisseur de limon du Nil; puis une masse de sable variant de couleur et de grosseur, par bancs horizontaux : on s'y enfonça de 5^m,13.

A deux cent quinze mètres de distance, toujours en descendant vers le Nil, le puits n.° 8 fut ouvert dans un petit canal d'arrosement : on trouva d'abord 1^m,50 d'épaisseur de limon pur; ensuite, comme dans la sonde précédente, une masse de sable plus ou moins mélangé de limon et de mica : l'eau vint à y surgir quand on s'y fut enfoncé de 3^m,95.

Le puits n.° 9 fut creusé à trois cent seize mètres du précédent; on trouva d'abord 2^m,48 d'épaisseur de limon : le reste de la fouille fut ouvert dans plusieurs couches superposées de limon mélangé de sable, puis de sable pur. Les couches inférieures au sol avoient ensemble 3^m,49 : l'eau se montra à cette profondeur.

A trois cent quatre mètres plus loin, on creusa le puits n.° 10 : on perça d'abord 2^m,35 d'épaisseur de limon, et ensuite, jusqu'à l'eau, 3^m,217 de sable gris micacé.

Le puits n.° 11, le plus rapproché du Nil, fut ouvert à trois cent soixante mètres du précédent : la couche supérieure, formée de limon, fut trouvée de 2^m,24 d'épaisseur. On trouva au-dessous, avant d'arriver à l'eau, des couches successives de limon mêlé de sable, de sable pur quartzeux et plus ou moins grenu, de sable fin mélangé de mica : elles avoient ensemble 6^m,35 d'épaisseur.

Les

Les sondes que nous venons de rapporter, ont été faites sur la rive gauche du Nil. On creusa aussi deux puits pour le même objet sur la rive opposée ; nous les indiquerons en prolongement des précédens, sous les n.ᵒˢ 12 et 13.

Le puits n.° 12 a été creusé au bord de la berge qui encaisse le fleuve dans ses crues : la fouille a présenté une couche de limon pur de 0ᵐ,694 d'épaisseur, qui reposoit sur une couche de 2ᵐ,72 de sable micacé, mélangé d'un peu de limon ; on trouva au-dessous 2ᵐ,16 de sable gris, 0ᵐ,11 de sable ferrugineux attirable à l'aimant ; enfin on a été arrêté par l'eau après s'être enfoncé de 1ᵐ,54 dans un mélange de sable et de limon.

Le puits n.° 13 fut creusé sur le bord d'un grand canal, à huit cent quarante mètres plus loin en allant vers la montagne Arabique. On trouva d'abord 6ᵐ,33 d'épaisseur de limon pur ; ensuite une couche de sable ferrugineux, mêlé de quartz et de mica, dans laquelle on pénétra de 1ᵐ,22 avant d'être arrêté.

La comparaison de ces différentes sondes donne lieu à deux remarques générales : la première, que le sol superficiel de la vallée est toujours composé, sur plus ou moins d'épaisseur, de limon noirâtre. C'est la plus légère de toutes les matières chariées par le Nil, et celle qui, troublant la transparence de ses eaux lors de ses crues, leur donne une couleur rousse. Cette couche superficielle de limon repose sur une masse de sable quartzeux gris, mélangé en certaines proportions de mica et de petites lamelles ferrugineuses attirables à l'aimant. Ce banc de sable, composé des matières les plus pesantes que le fleuve transporte, est ordinairement divisé en bandes d'épaisseurs différentes, séparées les unes des autres à peu près dans l'ordre de leurs pesanteurs spécifiques.

La seconde remarque est que l'eau n'a point surgi à la même profondeur au fond des puits qui ont été creusés. Si l'on rapporte le niveau de l'eau, dans chacun d'eux, à un plan horizontal élevé de 100ᵐ au-dessus de la surface du Nil, prise le 16 floréal an 7 [5 mai 1799], on pourra comparer ces niveaux entre eux, à l'aide du tableau suivant, qui indique aussi la profondeur des puits à partir du sol *(fig. 5)* :

N.ᵒˢ DES PUITS.	PROFONDEUR DES PUITS JUSQU'AU NIVEAU DE L'EAU.	ABAISSEMENT DU NIVEAU DE L'EAU AU-DESSOUS DU PLAN DE REPÈRE.
	Rive gauche.	
Surface de l'étang au pied de la montagne.........		96ᵐ,79.
N.° 1.	3ᵐ,00.	97, 13.
N.° 2.	7, 46.	97, 43.
N.° 3.	8, 44.	98, 68.
N.° 4.	7, 15.	97, 72.
N.° 5.	6, 11.	98, 14.
N.° 6.	3, 85.	97, 36.
N.° 7.	6, 52.	97, 70.
N.° 8.	5, 45.	97, 77.
N.° 9.	5, 97.	97, 02.
N.° 10.	5, 56.	97, 25.
N.° 11.	8, 59.	99, 46.
	Rive droite.	
Surface du Nil....	9 ,00.	100ᵐ,00.
N.° 12.	7, 95.	98, 89.
N.° 13.	7, 54.	97, 40.

2. *H. N.*　　　　　　　　　　　　　　　　　　　　C

Ce tableau fait voir que les eaux de l'étang en aval de la digue de Syoût sont supérieures de 3^m,61 à la surface du Nil : cela provient de ce que les eaux de l'inondation qui arrivent au pied de la montagne Libyque par le canal d'el-Saouâqyeh, y sont retenues plus de temps que le fleuve n'en emploie à descendre du terme de sa plus grande hauteur à celui de son plus grand abaissement ; de sorte qu'il est déjà descendu d'une quantité considérable, lorsque les terres de la plaine sont encore inondées. Ainsi, le 26 pluviôse an 9 [15 février 1801], par exemple, l'inondation couvroit encore d'environ 0^m,50 la campagne de Syout, tandis que le Nil étoit déjà à la moitié de son décroissement ; de telle sorte que le niveau de l'inondation se trouvoit élevé d'environ 6^m,20 au-dessus de la surface du Nil.

Ce sont les eaux de cette inondation qui, filtrant à travers le sol, entretiennent la nappe que nous avons rencontrée au fond de nos puits, constamment au-dessous du niveau de l'eau du canal de Syout et de l'étang d'el-Saouâqyeh, mais toujours au-dessus du Nil. Cette nappe s'inclineroit par conséquent du pied de la montagne vers le milieu de la vallée avec une sorte de régularité, si l'eau qui séjourne plus ou moins de temps dans les canaux intermédiaires dont la plaine est entrecoupée, ne s'infiltroit pas elle-même dans le terrain, et ne dérangeoit pas l'inclinaison de la nappe dont il s'agit.

On observe cependant qu'à une petite distance du Nil ce sont ses propres eaux qui s'infiltrent latéralement à travers le terrain, et viennent alimenter les puits les plus rapprochés de ses berges : tels sont les puits indiqués sous les n.ºs 9, 10, 11 et 12 ; les trois premiers sur la rive gauche, le quatrième sur la rive droite : ils présentent au surplus cette particularité, que, dans la saison des basses eaux, leur surface se trouve au-dessus du niveau du fleuve, parce que les eaux qui, pendant son débordement, remontent par infiltration vers l'intérieur des terres, mettent plus de temps à descendre jusqu'au niveau du Nil pendant son décroissement, qu'il n'en met lui-même à décroître.

Quant à l'épaisseur du limon qui forme le sol cultivable de l'Égypte, nos sondes ont prouvé qu'elle est d'autant plus considérable que l'on se rapproche davantage des bords de la vallée : par exemple, les puits n.ºs 2 et 3 présentent une épaisseur de 6^m,41 et de 6^m,35 de cette terre, tandis que le puits n.° 10, qui n'est éloigné du Nil que de quatre cent cinquante mètres, n'a montré qu'une couche de limon de 2^m,35 ; et le puits n.° 11, sur les bords du fleuve, une couche de 2^m,24 seulement.

Nous avons dit qu'on s'étoit arrêté, en creusant nos puits, lorsque l'eau avoit commencé à y surgir. C'étoit toujours dans une masse sablonneuse qu'elle paroissoit ; mais cette masse, qui est évidemment de la même nature que les dépôts actuels du Nil, ne forme pas le sol primitif de la vallée, à la connoissance duquel nous voulions aussi parvenir.

Je fis exécuter, à ce dessein, une sonde en fer semblable à cette espèce de tarière pointue dont on se sert pour sonder les tourbières ; on l'emmancha d'une perche de cinq mètres, et on l'enfonça de toute cette longueur dans les puits n.ºs 10 et 11 : les matières qu'elle rapporta firent voir qu'elle avoit traversé le même banc de sable sur lequel nous avions trouvé que reposoit le terrain cultivable. Il restoit constant par ces nouvelles sondes, que l'épaisseur de ce banc, vers le milieu de la vallée, descendoit de plus de onze mètres au-dessous de sa surface. Les bancs calcaires qui, selon toute apparence, en forment le sol primitif, s'enfonçant beaucoup plus bas, nous devions désespérer de les atteindre, et de les reconnoître à une grande distance des montagnes suivant le talus desquelles ils se prolongent, puisque nous n'avions point apporté les instrumens nécessaires, et que nous ne pouvions les faire exécuter à Syout; mais il étoit naturel de penser que, le sol primitif de la vallée s'inclinant de part et d'autre vers son milieu, on trouveroit ce sol à une profondeur d'autant moindre que l'on se rapprocheroit plus de ses bords. On a choisi, en conséquence, l'emplacement d'un puits de sonde à deux cent quatre - vingts mètres au-delà du terrain cultivable, entre sa limite et le pied de la montagne de Syout, dans une espèce d'anse qui, lorsque le régime du Nil n'étoit point encore établi, a dû être remplie d'alluvions anciennes de même nature que les graviers et cailloux roulés qui forment aujourd'hui le sol naturel du désert.

La bouche de ce puits étoit élevée de 2^m,60 au-dessus de la plaine. Voici, par ordre, l'indication et l'épaisseur des différentes substances que l'on a trouvées disposées par couches les unes sur les autres :

Sable et gravier..	2^m,084.
Sable jaune mélangé d'argile, formant une couche très-compacte.........	2, 435.
Marne blanchâtre.	0, 216.
Sable jaune pur et sans liaison....................................	0, 567.
Marne blanchâtre..	0, 216.
Sable et gravier mêlé de cailloux roulés	1, 190.
TOTAL.........	6, 708.

A cette profondeur totale de 6^m,708, on a trouvé les mêmes bancs calcaires que ceux dans lesquels les grottes de Syout sont creusées; ces bancs, à deux cent quatre - vingts mètres de distance du terrain que le Nil inonde aujourd'hui, se trouvent par conséquent enfoncés de 4^m,10 au-dessous de ce terrain. Cette sonde par laquelle nous terminâmes les opérations que nous avions entreprises à Syout, fournit deux résultats importans : elle prouve d'abord que les bancs calcaires de la montagne Libyque se prolongent, en s'inclinant vers le Nil, au-dessous du terrain formé par les alluvions actuelles de ce fleuve ; elle confirme ensuite la conjecture énoncée plus haut, que ces bancs calcaires ont été recouverts, avant l'existence de l'ordre actuel, de matières beaucoup plus pesantes chariées par des courans rapides auxquels la vallée servoit de lit.

Nous partîmes de Syout le 29 floréal [18 mai], pour nous rendre à Qené, où nous arrivâmes le 6 prairial [25 mai] : nous séjournâmes dans cette dernière ville jusqu'au 8 messidor [26 juin]; ce qui me laissa le temps de renouveler, sur ce point, les nivellemens et les sondes.

Un nivellement fait un peu au-dessus de Qené apprit que le sol s'inclinoit de 0^m,886, en allant du Nil vers le désert, sur neuf cent quatre-vingt-onze mètres de longueur *(fig. 6)*.

2. *H. N.*

C 2

La surface du fleuve se trouvoit, le 17 prairial [5 juin], à 9ᵐ,227 au-dessous de l'arête supérieure de sa berge ; ce qui s'accorde assez avec l'observation que nous avions faite à Syout.

A cinq cent sept mètres de distance du Nil, on creusa un premier puits dans lequel on trouva une couche de limon de 2ᵐ,7 d'épaisseur, reposant sur un banc de sable gris, où l'on s'enfonça de 4ᵐ,729 avant d'être arrêté par l'eau, qui parut à cette profondeur.

Un second puits fut creusé à quatre cent cinquante mètres du premier, en descendant vers le Nil, et à cinquante-sept mètres de sa rive : on y trouva d'abord une couche de 1ᵐ,4 d'épaisseur de limon, et au-dessous 7ᵐ,559 de sable gris, profondeur au-delà de laquelle l'eau qui commença à surgir empêcha de fouiller.

On retrouve ici, comme on voit, les mêmes substances semblablement disposées que dans la plaine de Syout. La couche supérieure du sol est formée d'un dépôt de limon ; la couche immédiatement inférieure est un sable gris quartzeux, mêlé de mica en plus ou moins grande proportion.

Quant à l'inclinaison de la nappe d'eau souterraine par rapport au niveau du Nil, si l'on prend pour repère un plan passant à cent mètres au-dessus de la surface de ce fleuve, les hauteurs respectives de cette nappe dans les deux puits qu'on vient de décrire, seront indiquées ainsi qu'il suit *(fig. 6)* :

N.ᵒˢ DES PUITS.	PROFONDEUR DES PUITS JUSQU'AU NIVEAU DE L'EAU.	ABAISSEMENT DU NIVEAU DE L'EAU AU-DESSOUS DU PLAN DE REPÈRE.
Rive droite.		
N.ᵒ 1.	7ᵐ,429.	96ᵐ,20.
N.ᵒ 2.	8, 959.	99, 75.

Ainsi, à cette époque, la nappe souterraine s'inclinoit du pied de la montagne vers le milieu de la vallée.

Après avoir passé environ un mois à Qené, nous en partîmes pour nous rendre à Esné, où nous arrivâmes le 12 messidor [30 juin]. Pendant notre séjour dans cette ville, on fit le nivellement transversal de la vallée, et l'on creusa trois puits sur chacune des deux rives du Nil. Voici le résultat de ces opérations *(fig. 7)*.

La bande du terrain cultivable de la rive droite est séparée du désert par un canal de dix mètres de largeur et de deux mètres de profondeur. Le sol de la plaine s'élève d'environ un mètre, à partir du Nil jusqu'au pied des montagnes qui bordent la vallée.

Nous rappelons ici cette observation, parce qu'elle donne un résultat différent de celui auquel on étoit parvenu par le nivellement transversal fait à Qené. Ces deux opérations prouvent que, suivant les localités, le niveau de la plaine s'abaisse ou s'élève en allant du Nil vers le désert.

Je fis ensuite creuser trois puits sur sa rive gauche, le premier à trois mille trois cents mètres de distance, à la limite du terrain cultivable. On fut arrêté par l'eau après avoir fouillé de $5^m,973$ dans une masse de limon dont toute l'épaisseur ne fut point traversée. L'eau de ce puits étoit très-saumâtre.

La sonde n.° 2 fut faite à quinze cents mètres de distance en descendant vers le fleuve. On trouva une couche de $4^m,887$ d'épaisseur de limon portée sur un banc de sable gris, que l'on traversa de $1^m,086$ avant que l'eau parût au fond de la fouille.

A six cents mètres plus loin et à douze cents mètres du Nil, on creusa le puits n.° 3. On traversa d'abord une couche de limon de $3^m,80$ d'épaisseur, et l'on arriva au niveau de l'eau après avoir fouillé $2^m,315$ dans un banc de sable gris.

On passa sur la rive opposée: le fleuve avoit déjà commencé à croître; sa surface étoit de $8^m,50$ au-dessous de l'arête de sa berge.

A soixante-seize mètres de cette berge, on ouvrit le puits n.° 4, dont la fouille présenta une couche de limon de $4^m,887$ d'épaisseur, et un banc de sable gris, dans lequel on ne put pénétrer que de $2^m,715$ avant d'arriver à l'eau.

A douze cents mètres au-delà, en allant du côté de la montagne Arabique, on trouva, dans le puits n.° 5, $5^m,702$ d'épaisseur de limon, et au-dessous $2^m,443$ de sable gris, profondeur à laquelle l'eau commença à se montrer.

Enfin, à douze cents mètres plus loin, on creusa le puits n.° 6 sur la limite des terrains cultivés. Il fut fouillé dans une masse de limon du Nil, de $7^m,330$ au-dessous du sol. L'eau qui surgit à cette profondeur, fut trouvée extrêmement saumâtre, comme celle du puits de l'autre rive la plus voisine du désert.

Ces observations furent faites pendant les six jours qui s'écoulèrent du 24 messidor au 1.ᵉʳ thermidor [du 12 au 19 juillet].

Si l'on rapporte, comme nous l'avons fait, la surface de la nappe d'eau souterraine et celle du Nil à un plan de repère élevé de cent mètres au-dessus de celle-ci, on trouvera leurs hauteurs respectives ainsi qu'elles sont indiquées dans le tableau suivant *(fig. 7)*:

N.ᵒˢ DES PUITS.	PROFONDEUR DES PUITS JUSQU'AU NIVEAU DE L'EAU.	ABAISSEMENT DU NIVEAU DE L'EAU AU-DESSOUS DU PLAN DE REPÈRE.
Rive gauche.		
N.° 1.	$5^m,973.$	$95^m,07.$
N.° 2.	$5, 973.$	$95, 77.$
N.° 3.	$6, 516.$	$96, 56.$
Surface du Nil.....................		$100, 00.$
Rive droite.		
N.° 4.	$7^m,602.$	$100 ,127.$
N.° 5.	$8, 145.$	$97, 415.$
N.° 6.	$7, 330.$	$97, 432.$

On remarque, par la comparaison de ces différentes hauteurs, que la nappe d'eau souterraine s'incline sur la rive gauche, depuis le désert jusqu'au Nil, d'environ cinq mètres, tandis que cette inclinaison n'est que d'environ $2^m,50$ sur la rive opposée ; il faut remarquer de plus que l'eau du puits n.° 4 de la rive droite est inférieure de 0^m,127 au niveau du Nil. Cela vient de ce que le fleuve, qui avoit commencé à croître, s'étoit déjà assez élevé pour s'infiltrer dans les terres; fait que confirment d'ailleurs les observations que je recueillis de nouveau sur les puits de la vallée d'Esné à mon retour de Syène, le 14 thermidor [1.er août]. Voici les résultats de ces dernières observations :

N.^{os} DES PUITS.	PROFONDEUR DES PUITS JUSQU'AU NIVEAU DE L'EAU.	ABAISSEMENT DU NIVEAU DE L'EAU AU-DESSOUS DU PLAN DE REPÈRE.
Rive gauche.		
N.° 1.	5^m,973.	95^m,24.
N.° 2.	5, 973.	96, 20.
N.° 3.	6, 516.	96, 77.
Surface du Nil..........................		96, 00.
Rive droite.		
N.° 4.	" "	" "
N.° 5.	" "	" "
N.° 6.	7^m,330.	96^m,118.

Les terres de la paroi des puits n.° 4 et n.° 5 , sur la rive droite, s'étoient éboulées au fond de ces puits, parce que les eaux du Nil, ayant commencé à s'y infiltrer avec abondance , avoient diminué la cohérence de leurs parois, qui n'avoient pu se soutenir à plomb.

Le Nil, qui s'étoit alors accru d'environ quatre mètres à Esné, avoit sa surface déjà plus élevée que la nappe d'eau souterraine sur l'une et l'autre rive, c'est-à-dire que ses eaux continuoient à s'infiltrer sous le sol de la plaine en s'écoulant vers le désert.

C'est le contraire qui arrive lors du décroissement du Nil, comme le prouvent les sondes que nous avons faites à Syout.

Toutes les observations dont nous venons de présenter les résultats, démontrent évidemment, 1.° que la surface du sol de la haute Égypte est formée du limon noirâtre déposé par le Nil ;

2.° Que ce limon repose sur une couche plus ou moins épaisse de sable gris micacé , de la même nature que celui que l'on retrouve à *Philæ* et sur les bords de la mer, le long de la côte qui sépare les deux embouchures de Rosette et de Damiette;

3.° Que l'épaisseur de la couche de limon qui forme le sol cultivable , est d'autant plus considérable que l'on approche davantage des bords de la vallée ; de sorte qu'on arrive à la nappe d'eau souterraine dans les puits les plus voisins du désert avant d'être parvenu au banc de sable sur lequel le limon repose, tandis que , plus près du Nil, l'eau ne commence à se montrer dans les puits qu'autant qu'on s'enfonce plus ou moins dans cette masse sablonneuse;

4.° Que cette nappe souterraine est entretenue tous les ans, après l'inondation, par les eaux dont les canaux d'irrigation couvrent une partie de la vallée, tandis qu'elle est entretenue pendant l'inondation par les eaux du Nil jusqu'à une certaine distance de ses bords : d'où il résulte que le niveau de cette nappe doit osciller suivant les saisons et suivant l'état du fleuve ;

5.° Que, vers le milieu de la vallée, on pénètre à des profondeurs de sonde de dix ou douze mètres à travers des couches de limon et de sable, avant de rencontrer les bancs calcaires sur lesquels ces matières ont été déposées postérieurement ;

6.° Qu'en se rapprochant du pied des montagnes au-delà du terrain cultivé, on trouve ces bancs calcaires à des profondeurs de 4^m,10 environ au-dessous du sol de la plaine, et qu'on les trouve recouverts de lits superposés de gravier, de marne et de cailloux roulés ; matières qui ont été aussi chariées par les eaux, mais à une époque antérieure au régime du Nil tel qu'il existe aujourd'hui, puisque ces alluvions anciennes n'ont, par leur nature et leur volume, aucune analogie avec le sable fin et le limon dont se composent exclusivement les alluvions actuelles.

SECTION III.

Connoissances et Opinions des Anciens sur le sol de l'Égypte et sa formation. — *Observations et Opinions des Modernes.* — *Questions élevées à ce sujet.*

Les prêtres Égyptiens, chargés, comme on sait, par un des priviléges de leur caste, de tenir registre des accroissemens annuels du Nil, durent étendre aux effets de ce phénomène les observations dont la vie contemplative qu'ils menoient, et sur-tout l'étude de l'astronomie, leur avoient rendu l'habitude familière. Héritiers exclusifs de la connoissance des faits recueillis par les générations de l'ordre sacerdotal qui les avoient précédés, ils savoient quels changemens le temps avoit apportés à l'aspect de la contrée qu'ils habitoient ; et sans doute nous connoîtrions aujourd'hui les détails et les époques de ces changemens, si leurs annales nous étoient parvenues.

La perte de ces annales ne nous laisse cependant pas dans une ignorance absolue de ce que savoient les prêtres Égyptiens sur l'histoire physique de leur pays. Hérodote n'a fait que traduire dans sa langue ce qu'ils lui en apprirent. Son récit porte un caractère de vérité remarquable, et n'est en effet que la tradition fidèle d'une opinion devenue générale par l'accord des observations qui l'avoient déjà constatée dans le v.ᵉ siècle avant notre ère.

Suivant cette opinion, l'Égypte étoit une terre de nouvelle acquisition, un présent du Nil, qui, par ses alluvions, avoit comblé un ancien bras de mer renfermé entre la Libye et la montagne Arabique (1). Voilà en deux mots l'histoire physique de l'Égypte. C'est aussi l'idée que l'historien Grec dit s'en être formée lui-même en voyant cette contrée. Il ajoute, pour la justifier, que si, abordant par mer en

(1) Hérodote, *Hist.* liv. II, chap. X.

Égypte, on jette la sonde à une journée des côtes, on en tire du limon à douze orgyies de profondeur (1); preuve évidente que le fleuve porte de la terre jusqu'à cette distance.

Enfin, pour mieux convaincre les Grecs, auxquels son ouvrage étoit destiné, de la possibilité d'une semblable origine, il en prend des exemples dans leur propre pays, et cite les environs de Troie, de Teuthranie, d'Éphèse, et les bords du Méandre, tous formés par les alluvions des fleuves qui les arrosent.

Il suppose que l'emplacement de l'Égypte étoit autrefois un golfe de la mer Méditerranée, comme la mer Rouge est aujourd'hui un golfe de la mer des Indes (2); le premier, dirigé du nord au midi, et le second, du midi au nord : ils ne sont séparés que par un isthme fort étroit, de sorte que, s'ils se joignoient par leur extrémité, et que le Nil, en changeant son cours, vînt à se jeter dans le golfe Arabique, rien n'empêcheroit qu'en vingt mille ans il ne comblât ce golfe par le limon qu'il roule sans cesse. « Pour moi, dit l'historien, je crois qu'il y réus- » siroit en moins de dix mille. Comment donc ne pas admettre que le golfe » Égyptien, et un plus grand encore, a pu être comblé de la même manière ! »

Hérodote appuie son opinion sur la formation de l'Égypte, en faisant remarquer que le sol de cette contrée est un limon noirâtre apporté d'Éthiopie par le Nil et accumulé par ses débordemens, tandis que la surface des deux déserts qui bordent la vallée où il coule, est couverte de sables, de graviers et de pierres de différentes couleurs (3).

Les prêtres tiroient une preuve de leur opinion sur l'exhaussement du sol de l'Égypte, d'un fait particulier de leur histoire dont ils instruisirent Hérodote : ils lui dirent que sous le roi Mœris, qui vivoit neuf siècles auparavant, toutes les fois que le Nil croissoit seulement de huit coudées, il arrosoit toute l'Égypte au-dessous de Memphis, tandis qu'alors il ne se répandoit point sur les terres, à moins de s'élever de seize coudées, ou au plus bas de quinze (4); Hérodote en conclut que, si ce pays continue à s'élever avec la même rapidité et à recevoir de nouveaux accrois- semens, il doit venir un temps où, le Nil ne pouvant plus l'inonder, il deviendra tout-à-fait stérile.

Quelque naturelle que paroisse cette conclusion, il suffit d'un léger examen pour reconnoître qu'Hérodote y fut conduit par de fausses apparences : en effet, si des dépôts de limon exhaussent le sol de l'Égypte, la même cause exhausse aussi le fond du Nil, de sorte que la profondeur de ce fleuve au-dessous de la plaine doit rester à peu près la même, et ses débordemens couvrir à peu près la même étendue de territoire.

« Dans la saison où ils ont lieu, dit cet historien (5), on n'aperçoit plus en » Égypte que les villes et les villages, qui paroissent au-dessus des eaux, comme » les îles de la mer Égée ; on ne navigue plus alors sur les différens bras du Nil, » mais sur les canaux dont les campagnes sont entrecoupées. »

(1) Hérodote, *Hist.* liv. II , chap. V.
(2) *Ibid.* chap. XI.
(3) *Ibid.* chap. XII.

(4) *Ibid.* chap. XIII.
(5) *Ibid.* chap. XCVII.

Hérodote

Hérodote termine sa description de l'Égypte par l'indication des embouchures du Nil. Après avoir coulé dans un seul lit depuis la cataracte, il se sépare en trois branches au-dessous de la ville de Cercasore. La plus orientale de ces branches se rend à la mer, à Péluse; la plus occidentale est la branche de Canope; la troisième partage le Delta par le milieu : c'est le canal Sébennitique. Deux autres branches sont dérivées de ce canal, la branche Mendésienne et la Saïtique. De l'autre côté, les branches Bucolique et Bolbitine sont des canaux artificiels (1).

Environ un siècle après Hérodote, à qui nous devons la conservation des plus anciennes traditions Égyptiennes sur la formation du Delta, Aristote, dont les ouvrages fixent l'état auquel toutes les sciences naturelles étoient parvenues de son temps, cite l'Égypte comme un des exemples les plus remarquables des changemens qui s'opèrent à la surface du globe.

Les mêmes lieux, dit-il (2), ne sont pas toujours occupés par la terre ou par les eaux : des endroits que l'on voit aujourd'hui à sec, ont été autrefois submergés ; et d'autres qui sont aujourd'hui submergés, ont été autrefois à découvert. Ces changemens successifs sont trop lents pour être remarqués par les hommes, auxquels la brièveté de leur vie ne permet pas d'en être témoins; d'ailleurs les traditions s'oblitèrent et se perdent par l'effet des guerres et des révolutions diverses qui amènent le déplacement des peuples.

L'Égypte, ajoute-t-il (3), offre l'exemple d'une contrée qui se dessèche de plus en plus. Elle est formée toute entière des alluvions du Nil. L'époque à laquelle cette contrée a commencé à devenir habitable est ignorée, parce que, son desséchement s'étant opéré peu à peu, on s'est fixé successivement dans les lieux voisins des anciens marais ; et comme cela se fit pour ainsi dire par degrés insensibles, il n'existe point de souvenir du moment où cela commença.

Suivant Aristote, la branche Canopique du Nil est la seule naturelle ; toutes les autres ont été creusées par la main des hommes, pour accélérer le desséchement du Delta. Il remarque aussi qu'Homère n'a désigné l'Égypte que par le nom de Thèbes, comme si Memphis et ses environs n'eussent point encore existé ou du moins n'eussent point encore été habitables au temps où il écrivoit. Les lieux les plus bas, c'est-à-dire les plus voisins de la mer, exigent en effet, pour leur entier desséchement, une plus grande hauteur d'alluvions ; et ce n'est qu'après être restés plus long-temps à l'état de marais qu'ils deviennent propres à recevoir des établissemens.

Ces raisonnemens, dont la justesse est incontestable, sont appuyés d'une tradition précieuse ; c'est que la mer Rouge, la mer Méditerranée et l'espace occupé par le Delta, ne formoient autrefois qu'une seule et même mer (4). Il paroît que, du temps d'Aristote, la vérité de cette tradition étoit généralement admise. Or, si le pays habité par les Égyptiens, que l'on regardoit comme la plus ancienne nation du monde, est de formation nouvelle, ne doit-on pas admettre que des changemens semblables ont eu lieu sur d'autres points de la terre? C'est ainsi, ajoute ce philosophe, que les environs d'Argos, qui, lors de la guerre de Troie, étoient des lieux

<hr>

(1) Hérodote, *Hist.* liv. II, chap. XVII.
(2) *Meteorolog.* lib. I, cap. XIV.
(3) *Meteorolog.* lib. I, cap. XIV.
(4) *Ibid.*

2. *H. N.*

D

marécageux, sont aujourd'hui complètement desséchés , et que les Palus-Méotides , comblés de plus en plus par les alluvions du *Tanaïs,* ne sont maintenant navigables que pour des bateaux beaucoup plus petits que ceux qui y naviguoient autrefois (1).

Diodore de Sicile, contemporain des derniers Ptolémées, se borne à donner succinctement une description géographique de l'Égypte (2); mais, s'il n'indique aucun des changemens que le temps avoit apportés à l'état physique de cette contrée, il donne des détails curieux sur les travaux que ses anciens rois avoient fait exécuter, soit pour l'irrigation des terres, soit pour mettre les villes et les villages à l'abri des débordemens du Nil.

Pendant le temps de sa crue, qui se prolonge du solstice d'été à l'équinoxe d'automne, dit cet historien, les cultivateurs en détournent les eaux et les conduisent dans les campagnes, où elles sont soutenues à une certaine hauteur par des digues de terre que l'on coupe lorsque le sol est suffisamment arrosé (3).

Sésostris, le plus célèbre de tous les rois d'Égypte, après avoir renoncé, selon Diodore, aux conquêtes qui l'occupèrent une partie de sa vie, fit élever, dans plusieurs endroits de son royaume, des terrasses d'une hauteur et d'une étendue considérables, afin de mettre ceux qui viendroient s'y établir, eux et leurs troupeaux, à l'abri des inondations périodiques du fleuve. Ces travaux offroient tant d'avantages à la population de l'Égypte, qu'ils durent se multiplier à mesure qu'elle s'accroissoit. Diodore ne cite cependant parmi les successeurs de Sésostris, qu'un autre roi, nommé *Nileus* (4), comme auteur d'ouvrages de cette nature. Il creusa des canaux, éleva des digues et fit exécuter beaucoup d'autres travaux pour rendre le Nil moins dangereux et plus utile. Il mérita, par ses services, de donner son nom à ce fleuve, qui jusqu'alors s'étoit appelé *Ægyptus.*

Un autre roi d'Égypte, nommé *Sabacos,* abolit la peine de mort, et ordonna que les criminels qui l'avoient méritée seroient condamnés aux travaux publics, et particulièrement employés à creuser des canaux et à élever des digues (5).

Ces témoignages, puisés par Diodore dans les récits des prêtres Égyptiens ou dans la lecture de leurs écrits, prouvent combien les anciens rois avoient attaché d'importance à l'ouverture des canaux d'arrosage, à l'établissement des digues destinées à soutenir les eaux de l'inondation, et à celui des éminences factices sur lesquelles les villes étoient bâties. L'époque reculée à laquelle les premiers travaux de ce genre avoient été entrepris, justifie ce qu'on a pu dire sur la haute antiquité de la civilisation de cette contrée.

Peu de temps après que les Romains l'eurent conquise , elle fut visitée par Strabon, qui nous en a laissé une ample description géographique (6). Il la regarde comme un présent du Nil, auquel elle doit le nom d'*Ægyptus* que ce fleuve portoit lui-même autrefois; ses crues et ses attérissemens sont, dit-il, les phénomènes dont les étrangers sont le plus frappés, ceux dont les habitans du pays

---

(1) Aristot. *Meteorolog.* lib. I, cap. XIV.

(2) Diodore de Sicile , *Biblioth. hist.* liv. I, sect. Ire, chap. XVII.

(3) *Ibid.* chap. XXI.

(4) *Ibid.* liv. I, sect. II, chap. XIV.

(5) *Ibid.* chap. XVIII.

(6) Strab. *Geogr.* lib. XVII, *passim.*

aiment le plus à entretenir les voyageurs, ceux enfin dont les personnes qui n'ont point été en Égypte, font le premier objet de leurs questions à celles qui en reviennent.

Strabon considère le Delta comme une île formée par la mer et les deux branches Canopique et Pélusiaque, entre lesquelles il en compte cinq autres, la Bolbitine, la Sébennitique, la Phatnitique, la Mendésienne et la Tanitique. Après l'embouchure Bolbitine, la côte, en allant vers l'orient, présente une plage basse et sablonneuse, qui forme un long promontoire que l'on appelle *la Corne de l'Agneau;* ensuite, en avançant vers l'embouchure Sébennitique, on trouve des lacs, dont l'un est appelé *Butique*, du nom de la ville de *Butos*.

La ville de Mendès, et celle de *Diospolis*, qui en est voisine, sont environnées de lacs. Il y en a aussi entre les embouchures Tanitique et Pélusiaque, ainsi que de vastes marais, au milieu desquels on compte plusieurs villages. Péluse est située dans un territoire de la même nature.

Nous rappelons ici cette description de la côte septentrionale de l'Égypte, pour faire voir combien elle s'accorde avec ce qui existe aujourd'hui. Nous rappellerons par la même raison que, du temps de Strabon, la ville d'*Heliopolis* étoit déserte, et que l'on voyoit des lacs autour du tertre factice sur lequel elle avoit été bâtie.

Ce géographe cite avec une sorte d'admiration l'industrie que montrent les Égyptiens dans l'emploi qu'ils font des eaux du Nil : ils ont su rendre, dit-il, par le moyen des canaux et des digues dont il est entrecoupé, leur pays beaucoup plus productif qu'il ne le seroit naturellement, et donner aux irrigations une aussi grande étendue lorsque les crues sont foibles que lorsqu'elles sont considérables. Au reste, pour faire valoir apparemment les améliorations que les Romains avoient déjà faites à l'administration de cette province, il ajoute qu'avant le gouvernement de Petronius, les récoltes ne pouvoient être abondantes en Égypte, à moins que la crue du Nil n'atteignît quatorze coudées, tandis que, sous sa préfecture, il avoit suffi qu'elle s'élevât seulement à douze.

Les connoissances sur l'état de ce pays et sur la formation du Delta durent naturellement se répandre et se multiplier, par les occasions fréquentes et les facilités qu'on eut de le visiter sous la domination Romaine. Pline puisa dans les mémoires des voyageurs et les traités des géographes les renseignemens qu'il nous a transmis (1). Il cite la partie de l'Égypte comprise depuis Memphis jusqu'à la mer, comme l'exemple le plus remarquable des terrains d'alluvion nouvellement formés, et il donne en preuve de cette opinion le témoignage d'Homère, qui, en parlant de l'île de *Pharos,* dit qu'elle étoit, du temps de Ménélas, à une journée de navigation de l'Égypte (2); tandis qu'au siècle de Pline et long-temps auparavant, elle étoit presque contiguë au continent. Strabon avoit déjà cité le même témoignage à l'appui de la même opinion.

Les deux branches du Nil, Canopique et Pélusiaque, sont indiquées par Pline comme les principales; d'accord avec Hérodote, il place entre elles, en venant de

(1) Plin. *Hist. nat.* liv. II, chap. LXXXV.   (2) *Odyssée,* liv. IV.

2. *H. N.*   D 2

l'est à l'ouest, la Tanitique, la Mendésienne, la Phatnitique, la Sébennitique et la Bolbitine (1).

L'époque à laquelle le Nil commence à croître, étoit trop généralement connue pour que Pline pût se tromper dans l'indication qu'il en donne; mais il se trompe sur le terme de l'accroissement de ce fleuve : il dit, en effet, qu'après le centième jour il commence à rentrer dans son lit (2), tandis que ce n'est réellement qu'après cet intervalle de temps qu'il parvient à sa plus grande hauteur et qu'il commence à décroître. Il indique les Nilomètres au moyen desquels on observoit tous les degrés de sa crue. Elle est, dit-il, de seize coudées : lorsqu'il monte moins, il n'arrose pas toutes les terres; quand il monte plus haut, il y séjourne trop long-temps et retarde les semailles. L'un et l'autre excès est à craindre. Il y a disette totale quand le Nil ne monte qu'à douze coudées; il y a encore disette quand il ne s'élève qu'à treize. La fertilité commence quand la crue est de quatorze coudées : à quinze, il y a sécurité; abondance, lorsque l'accroissement est de seize. La plus grande crue, du temps de Pline, arriva sous l'empire de Claude; elle fut de dix-huit coudées.

Aussitôt que les eaux sont parvenues à une hauteur déterminée, on coupe les digues qui ferment l'entrée des canaux; et à mesure que les eaux abandonnent les terres qu'elles avoient couvertes, on procède à l'ensemencement de celles-ci.

En rapportant dans un autre endroit de son ouvrage (3) les divers procédés d'agriculture usités chez les Égyptiens, Pline dit qu'ils jettent le blé sur le limon déposé tous les ans par le Nil, et que ce limon repose sur du sable. On reconnoît ici l'exactitude des renseignemens qu'il avoit reçus sur la nature des différentes couches dont le sol de l'Égypte est composé.

Plutarque, presque contemporain de Pline, nous a transmis des traditions importantes sur l'histoire physique de l'Égypte. Anciennement, dit-il, l'Égypte étoit couverte par la mer, comme le prouvent les coquillages que l'on rencontre dans les déserts voisins, et la salure des puits que l'on y creuse (4). C'est le Nil qui a repoussé la mer par les dépôts de limon qu'il forme à ses embouchures : des plaines autrefois submergées s'exhaussant ainsi de plus en plus par de nouvelles couches de terre, ont été mises enfin à découvert. Ce qu'il y a de certain, ajoute-t-il, c'est que l'île de *Pharos*, qui, du temps d'Homère, étoit à une journée de chemin du rivage d'Égypte, en fait aujourd'hui partie : non sans doute que cette île ait changé de place et se soit approchée du continent; c'est le fleuve qui, en comblant l'espace intermédiaire, l'a jointe à la terre ferme. Plutarque répète ici, comme on voit, ce que Strabon et Pline avoient dit avant lui; mais il est le seul auteur de l'antiquité qui fasse mention des différentes hauteurs auxquelles parvenoient les crues du Nil, suivant les lieux où elles étoient observées. Il croissoit suivant lui de vingt-huit coudées à Éléphantine, à son entrée en Égypte; de quatorze à Memphis, à l'extrémité de la longue vallée où il coule; et de six à Mendès, ville située à l'une de ses embouchures (5).

---

(1) Plin. *Hist. nat.* liv. II, chap. LXXXV.   (4) *Traité d'Isis et d'Osiris.*
(2) *Ibid.*   (5) *Ibid.*
(3) *Ibid.* liv. XVIII, chap. XVIII.

Nous citerons pour le dernier des témoignages de l'antiquité sur la constitution physique de l'Égypte, celui d'Ammien Marcellin (1). Il remarque que le Nil, depuis la dernière cataracte, n'est grossi d'aucun autre fleuve, mais que plusieurs grands canaux, semblables à des fleuves, en sont dérivés; que ses eaux se rendent à la mer par sept embranchemens navigables; qu'il commence à croître lorsque le soleil est parvenu dans le signe du cancer; qu'il continue de s'élever jusqu'à ce que le soleil entre dans le signe de la balance, c'est-à-dire, pendant l'espace d'environ cent jours; qu'il décroît ensuite, et que, ses eaux s'étant écoulées, on peut parcourir à cheval les mêmes campagnes dans lesquelles on naviguoit peu de temps auparavant. De trop grandes inondations sont, dit-il, aussi nuisibles que des inondations trop foibles. Dans le premier cas, le séjour des eaux sur les champs est trop prolongé; ce qui ne permet point de faire les semailles en temps convenable : dans le second cas, toutes les terres ne sont point assez arrosées pour devenir fécondes; la hauteur de seize coudées est le terme de la crue la plus favorable. Enfin il ajoute que, la côte d'Égypte ne présentant aucune éminence qui puisse la faire reconnoître aux navigateurs, ils sont exposés à échouer sur une vase sablonneuse, et que ce fut pour les garantir de ce danger, que Cléopatre se détermina à faire élever, à l'entrée du port d'Alexandrie, une haute tour qui fut appelée *le Phare,* du nom de l'île de *Pharos,* où elle étoit construite.

Les opinions des auteurs anciens que nous venons de rapprocher, coïncident toutes sur la formation du sol de l'Égypte; ils l'attribuent unanimement aux alluvions du Nil, qui ont comblé un ancien golfe de la Méditerranée, dont le Delta occupe aujourd'hui l'emplacement. Ces opinions ne sont, au surplus, que des traditions conservées dans la caste sacerdotale; et, comme les faits qui en sont l'objet n'ont pu être constatés que par une longue suite d'observations, on tire de ces traditions mêmes une nouvelle preuve de la haute antiquité de la civilisation Égyptienne.

Les géographes du moyen âge et les auteurs Arabes n'ont fait que répéter les mêmes faits, souvent même sans changer les termes de ceux qui les avoient précédés; ce qu'on trouve, par exemple, dans le livre de la mesure de la terre de Dicuil, sur le Nil et son débordement, est la copie exacte du passage de Pline que nous avons cité (2).

Le Juif Benjamin de Tudèle, qui visita l'Égypte dans le XII.ᵉ siècle, et Jean Léon, qui y voyagea dans le XV.ᵉ, n'avoient ni l'un ni l'autre les connoissances nécessaires pour recueillir des observations utiles sur l'état physique de ce pays : ils se bornèrent à rapporter, sur l'accroissement annuel du Nil, sur la mesure journalière de cet accroissement et les usages suivis dans la publication qu'on en fait, les particularités dont ils furent eux-mêmes les témoins, ou à répéter ce que des récits populaires leur apprirent (3).

Le prince Radziwill, qui a écrit la relation d'un pélerinage en Terre sainte,

(1) Ammian. Marcellin. *Hist.* lib. XXII.

(2) Dicuili *Liber de mensura orbis terræ, nunc primùm in lucem editus* à Car. Athan. Walckenaer; *Parisiis,* 1807; pag. 14.

(3) *Itinerarium* Benjaminis, *cum versione et notis* Constantini l'Empereur, *Lugduni Bat.* 1633, pag. 116.

Joannis Leonis Africani *Descriptio Africæ,* lib. VIII.

ayant, à son retour, parcouru la basse Égypte au mois d'août 1583, apporta quelque attention à décrire l'aspect extérieur de cette contrée, et les travaux à l'aide desquels la main des hommes a modifié cet aspect. Ce n'est point naturellement, dit-il, mais au moyen de canaux et de barrages artificiels, que le Nil submerge les campagnes de l'Égypte (1). Ces digues, qui, pendant l'inondation, servent de communication entre les nombreux villages dont le Delta est couvert, sont percées les unes après les autres, pour donner passage aux eaux destinées à l'arrosement des différens territoires : mais les époques de chacun de ces percemens sont fixées ; et l'on veille avec le plus grand soin à ce que l'ordre n'en soit point interverti furtivement, tant pour éviter les querelles qui pourroient en résulter entre les villages limitrophes, que pour prévenir les dégâts qui pourroient être occasionnés par l'impétuosité des courans. Il s'étonne, au surplus, de ce que l'accroissement du Nil ne soit que d'une coudée à son embouchure, tandis qu'il s'élève de dix-huit ou de vingt coudées au Kaire ; fait qui n'avoit point échappé aux anciens, et dont la cause toute naturelle est facile à saisir.

Prosper Alpin résidoit en Égypte et y exerçoit la médecine auprès du consul de Venise, dans le même temps que le prince Radziwill y voyageoit. Quoiqu'il s'occupât spécialement des sciences naturelles, il n'a recueilli aucune observation particulière sur la formation du sol de cette contrée, dont il admet néanmoins l'exhaussement progressif d'après l'opinion d'Hérodote (2).

Quelques faits isolés sur l'ensablement des deux branches principales du Nil ont été rapportés par le P. Vansleb, dans sa Nouvelle Relation d'Égypte (3) ; il attribue avec raison à cette cause l'avancement de leur embouchure vers la mer : mais les témoignages dont il appuie les faits qu'il cite, n'ont point assez de poids, et les circonstances en sont indiquées trop vaguement, pour qu'il soit possible d'en tirer quelques conclusions positives. Ce qui est certain, c'est qu'en 1672, époque à laquelle le P. Vansleb se trouvoit en Égypte, le lac *Mareotis*, comme du temps de Prosper Alpin, recevoit les eaux du Nil pendant l'inondation et communiquoit avec la mer ; état de choses qui a été changé depuis.

L'ensablement des deux branches du Nil près de leurs embouchures, cité par Vansleb, est aussi rapporté par de Maillet dans sa Description de l'Égypte (4). Il explique la formation des deux barres ou *boghâz* qui obstruent ces embouchures, par l'action du courant du fleuve qui charie les alluvions, et par l'action opposée des vagues de la mer qui les repoussent. On conçoit, au surplus, que les vents doivent exercer une grande influence sur la hauteur et la direction de ces bancs : voilà pourquoi l'on éprouve plus ou moins de difficultés à les franchir.

Suivant de Maillet, la ville de Foueh, qui étoit, dans le XII.e siècle, à l'embouchure occidentale du fleuve, s'en trouvoit, à l'époque où il écrivoit, éloignée de sept à huit milles ; de même la ville de Damiette, dont la mer baignoit les murailles, du temps de S. Louis, s'en trouvoit à dix milles de distance ; enfin la forteresse

---

(1) Principis Radziwili *Jerosolymitana Peregrinatio*, epistolâ 3.ᵉ, *passim*.

(2) Prosper. Alpin, *Rerum Ægyptiacarum libri quatuor*, lib. 1, cap. 11,

(3) *Nouvelle Relation d'Égypte*, par le P. Vansleb ; pag. 111 et 172.

(4) *Description de l'Égypte*, composée sur les mémoires de M. de Maillet par l'abbé le Mascrier, p. 91.

de Rosette, qui, quatre-vingts ans auparavant, étoit vis-à-vis la barre du Nil, en étoit alors éloignée de près de trois cents pas (1).

« J'ai vu moi-même, ajoute-t-il, qu'en 1692, à mon arrivée en Égypte, la mer » n'étoit qu'à une demi-lieue de cette ville, au lieu qu'en 1718 je l'en ai trouvée » distante d'une grande lieue. »

Il rapporte ailleurs (2) que l'on vit en 1697, au fond d'un étang qui occupe une partie de l'emplacement de Memphis, des restes de colonnes, d'obélisques, et diverses ruines ; d'où il résulte que la plaine qui environne Memphis, se trouve aujourd'hui plus élevée que le sol de cette ancienne ville, qui demeure constamment submergé.

Le premier de tous les voyageurs modernes qui ait entrepris de s'assurer, par ses propres observations, de l'exhaussement du sol de l'Égypte, est le docteur Shaw : il parcourut cette contrée au commencement du dernier siècle (3). Regardant comme incontestable l'opinion des anciens sur la formation du Delta, il voulut pousser ses recherches plus loin et déterminer la hauteur dont la surface de l'Égypte devoit s'élever chaque siècle : il remplit, en conséquence, un tube de verre de trente-deux pouces de longueur, d'eau trouble du Nil, telle qu'on la voit pendant le débordement, et il trouva que l'épaisseur de la couche de limon qui s'étoit déposée au fond de ce tube, ayant été desséchée, n'étoit plus que la cent-vingtième partie de la longueur du tube ; supposant ensuite que la hauteur moyenne des eaux de l'inondation annuelle au-dessus des campagnes étoit de trente-deux pouces, il en conclut que l'exhaussement séculaire de leur sol est d'un peu plus d'un pied.

Il tire la même conclusion de ce que dit Hérodote, que, du temps du roi Mœris, toutes les terres étoient suffisamment arrosées si les eaux s'élevoient à huit coudées, tandis que, du temps de cet historien, il falloit quinze ou seize coudées de crue pour couvrir toutes les campagnes ; changement qui s'étoit opéré dans l'espace de neuf cents ans : de sorte qu'en supposant ces mesures exprimées en coudées Grecques, le terrain se seroit élevé d'environ 126 pouces dans cet intervalle de temps, c'est-à-dire, d'environ un pied par siècle.

Aujourd'hui, continue le docteur Shaw, il faut, pour que les terres soient convenablement inondées, que le Nil s'élève à la hauteur de vingt coudées de Constantinople : ainsi, depuis le temps d'Hérodote, le sol de l'Égypte se sera élevé de 230 pouces, et par conséquent depuis Mœris jusqu'à l'année 1721, ce qui comporte une période de trois mille ans environ, de 356 pouces. L'élévation aura encore été, comme on voit, à très-peu près de douze pouces par siècle (4).

Ces derniers raisonnemens du docteur Shaw seroient sans réplique, s'ils étoient appuyés sur des données certaines : mais, d'abord, il n'est pas sûr qu'Hérodote ait exprimé la crue du Nil en coudées Grecques ; en second lieu, outre que cette crue n'a jamais été exprimée en coudées de Constantinople, la publication qui se

---

(1) *Description de l'Égypte*, composée sur les mémoires de M. de Maillet par l'abbé le Mascrier, p. 91.
(2) *Ibid.* pag. 274.

(3) En 1721 et 1722.
(4) *Observations géographiques, &c. sur la Syrie, l'Égypte, &c.*, t. II, pag. 188 et suiv. de la trad. Franç.

fait au Kaire des accroissemens journaliers de ce fleuve , est falsifiée à dessein , comme nous le dirons bientôt , et l'élévation effective de la crue ne va jamais à vingt coudées ; enfin le docteur Shaw paroît avoir ignoré que le fond des fleuves s'exhausse en même temps que les plaines qu'ils submergent, par le dépôt des matières qu'ils charient.

Cet exhaussement simultané du fond des fleuves, et des plaines qu'ils couvrent lors de leurs inondations , n'échappa point à Richard Pococke , qui voyagea en Égypte dans les années 1737 et 1738 (1). Cette observation le mit sur la voie d'expliquer les divers passages des auteurs de l'antiquité sur la hauteur des crues du Nil : aussi les a-t-il discutés avec beaucoup d'érudition ; et il est probable qu'il seroit parvenu à résoudre les questions qu'ils ont fait naître, s'il eût pu établir cette discussion sur des données certaines : mais ces données lui ont manqué comme au docteur Shaw , qui l'avoit précédé dans la même recherche.

Les opinions de ces deux voyageurs se réduisent ainsi à des conjectures plus ou moins hasardées : Pococke s'en étoit aperçu ; et c'est à dessein d'obtenir un jour l'explication des difficultés qu'il avoit rencontrées à concilier les récits des anciens historiens et des auteurs Arabes , qu'il termina sa dissertation sur le Nil en donnant quelques instructions à ceux qui visiteroient l'Égypte après lui, et que cette matière pourroit intéresser (2).

Jusqu'ici il règne, comme on voit, entre tous les voyageurs et les géographes que nous avons cités, un accord unanime sur la formation du sol de l'Égypte; leurs observations justifient l'ancienne tradition de son exhaussement , que les prêtres avoient communiquée à Hérodote. Ce fait ne pouvant plus être mis en doute, la seule question qui restoit à résoudre, consistoit à déterminer la quantité de cet exhaussement entre deux époques fixes. Le docteur Shaw et Richard Pococke se l'étoient proposée , comme on vient de le voir , au commencement du XVIII.ᵉ siècle; et s'ils n'en donnèrent point une solution rigoureuse, du moins ils essayèrent les premiers de tirer de la marche de certains phénomènes naturels quelques éclaircissemens pour l'histoire et la chronologie.

Les limites entre lesquelles devoient s'étendre les recherches qui restoient à entreprendre, se trouvoient ainsi posées, lorsqu'en 1723 Fréret, se reportant en arrière du point où les connoissances étoient parvenues, se crut fondé, non pas seulement à mettre en doute l'exhaussement du sol de l'Égypte , mais encore à contester l'exactitude de ce fait. Son mémoire, inséré parmi ceux de l'Académie des inscriptions (3), contient, sur les mesures de longueur usitées chez les anciens, une suite de recherches curieuses, mais plus propres à attester l'érudition de l'auteur que la sévérité de sa critique et son discernement dans le choix des preuves dont il appuie ses opinions à cette occasion.

En effet, il prétend qu'aujourd'hui, comme aux temps de l'empereur Julien, de Pline et d'Hérodote , il faut, pour inonder l'Égypte, que le Nil s'élève de seize

---

(1) Voyez ses *Voyages dans le Levant* , tom. II, pag. 267 de la traduction Française.

(2) *Ibid.*

(3) *Essai sur les mesures longues des anciens* (Mémoires de l'Académie des inscriptions , tom. XXIV).

coudées ;

coudées ; d'où il conclut que, pendant la suite de siècles divisée par ces époques, le sol a dû nécessairement rester au même niveau. En admettant la vérité du fait qui sert de base aux raisonnemens de Fréret, il faudroit, pour que la conséquence qu'il en tire fût légitime, admettre aussi que le fond du lit du Nil et les terres qu'il submerge ne s'exhaussent pas simultanément ; et comme cet exhaussement simultané est un résultat naturel des lois auxquelles le cours des fleuves est assujetti, on voit que la permanence du sol de l'Égypte au même niveau, et la conservation de la même coudée depuis Hérodote jusqu'à présent pour mesurer la hauteur annuelle des débordemens, ne sont que des hypothèses hasardées.

On doit être d'autant plus étonné de l'espèce de persévérance avec laquelle Fréret soutint l'opinion qu'il avoit embrassée, que le phénomène de l'exhaussement du Nil, qui en prouvoit la fausseté, ne lui étoit point inconnu (1). Au reste, en comparant entre eux les témoignages des anciens historiens, des auteurs Arabes et des voyageurs modernes, témoignages dont Fréret fait l'énumération dans une dissertation lue sur cet objet spécial à l'Académie des inscriptions en 1742 (2), on trouve de nouveaux motifs de rejeter cette opinion ; car, si les auteurs anciens et ceux du moyen âge fixent à seize coudées la hauteur à laquelle le Nil doit s'élever pour assurer à l'Égypte d'abondantes récoltes, il faut, suivant les voyageurs modernes, pour que les crues soient aussi favorables, qu'elles montent au-dessus de la vingtième coudée, et même jusqu'à la vingt-deuxième. Or cette discordance entre les anciens et les modernes, sur la hauteur à laquelle il convient que l'inondation parvienne, prouve de deux choses l'une, ou que le sol de l'Égypte s'est exhaussé par rapport à la surface moyenne du Nil, ou que les coudées dont on fait usage aujourd'hui pour en mesurer les accroissemens annuels, sont plus petites que celles dont on faisoit usage autrefois ; ce qui renverse ou le système de la permanence du sol de l'Égypte au même niveau, ou celui de la conservation non interrompue des anciennes coudées Nilométriques ; systèmes que Fréret s'efforçoit d'étayer l'un par l'autre.

Quelqu'erronées que soient ces diverses opinions de Fréret, elles n'en ont pas moins été adoptées par la plupart des savans qui ont écrit depuis sur la même matière ; d'abord par Bailly (3), ensuite par Paucton (4) et Romé Delisle (5), et enfin par Larcher (6). La publication de ces opinions ayant, en quelque sorte, remis en doute le fait incontestable de l'exhaussement du sol de l'Égypte et de l'accroissement du Delta, Savary consacra quelques unes de ses lettres à en apporter

---

(1) « Dans les débordemens des fleuves et des torrens limoneux qui causent des attérissemens dans les pays qu'ils inondent, la partie la plus grossière du limon, retenue par son poids dans le canal du fleuve ou du torrent, ne se répand point sur les terres inondées, mais tombe dans le canal, et en élève successivement le fond d'année en année ; en sorte qu'il faut aussi élever ses bords et les soutenir par des digues : sans quoi, les débordemens deviennent de jour en jour plus fréquens et plus considérables. *Le lit du fleuve s'élevant ainsi continuellement,* il se trouve bientôt placé sur une espèce de chaussée beaucoup plus haute que les terres » qui sont à droite et à gauche ; et les digues ont besoin d'être sans cesse fortifiées, pour soutenir *le poids* des eaux du fleuve. » *De l'accroissement ou élévation du sol de l'Égypte par le débordement du Nil,* Mémoires de l'Académie des inscriptions, *tom. XVI, pag. 343.*

(2) *Mémoires de l'Académie des inscriptions,* tom. XVI, pag. 352.

(3) *Histoire de l'astronomie moderne,* pag. 146 et suiv.

(4) *Métrologie,* Paris, 1784 ; pag. 117 et suiv.

(5) *Métrologie,* Paris, 1789.

(6) *Histoire d'Hérodote,* traduite par Larcher, 13.ᵉ et 38.ᵉ remarques sur le livre II.

E

des preuves superflues (1). Si M. de Volney, qui voyagea en Égypte peu de temps après, releva quelques inexactitudes qui semblent affoiblir ces preuves, il étoit trop judicieux pour ne pas admettre aussi le prolongement du Delta vers la mer, et l'exhaussement du sol de l'Égypte (2). Ramené, en traitant cette question, à discuter les passages de tous les auteurs anciens et modernes qui ont indiqué la hauteur à laquelle le Nil doit s'élever pour inonder convenablement les terres, M. de Volney suppose que cette hauteur est toujours de quatorze à seize coudées ; il croit d'ailleurs, conformément aux opinions de Fréret, de d'Anville et de Bailly, que la coudée du Nilomètre n'a point varié de longueur, et qu'elle est de vingt pouces six lignes de notre pied de roi. Après avoir remarqué que, pendant une période de dix-huit siècles, il a fallu que le Nil montât, chaque année, à cette hauteur, il se demande comment il s'est fait que, depuis la fin du xv.ᵉ siècle, les crues favorables qui parvenoient à quinze coudées seulement, se sont subitement élevées à vingt-deux. Il répond à cette question, en disant que la colonne du Meqyâs a été changée ; que le mystère dont les Turcs l'enveloppent, a empêché les voyageurs modernes de s'en assurer ; mais que cette colonne parut neuve à Pococke, à qui il fut permis de la visiter en 1737.

Au reste, M. de Volney rapporte une observation importante recueillie par Niebuhr en 1762. Ce voyageur remarqua sur un mur de Gyzeh, où l'inondation de 1761 avoit laissé sa trace, qu'au 1.ᵉʳ juin suivant, le Nil avoit baissé de vingt-quatre pieds au-dessous de cette trace (3). Mais cette hauteur de la crue totale de 1761 à 1762 étoit loin de s'accorder avec la somme des crues journalières, telles qu'elles avoient été publiées dans les rues du Kaire ; d'où il s'ensuit évidemment que ces publications sont fausses. M. de Volney étoit parfaitement instruit de la fausseté de ces annonces ; il cite même, à cette occasion, les tentatives infructueuses que fit le baron de Tott pour obtenir la vérité des crieurs publics, dont, malgré ses libéralités, il ne reçut que des rapports discordans (4).

On voit, par tout ce qui vient d'être dit, que la question de l'exhaussement du sol de l'Égypte, et de l'accroissement du Delta, avoit été traitée jusque dans ces derniers temps, ou par des voyageurs qui ne faisoient pas de cette question un objet particulier de recherches, ou par des érudits qui prétendoient l'éclaircir en essayant de concilier certains passages d'auteurs anciens contradictoires entre eux, ou du moins que leur obscurité rend susceptibles d'interprétations différentes. On ne pouvoit espérer d'obtenir une solution complète de cette question, que lorsque les géologues et ceux qui ont fait une étude particulière de la théorie du cours des fleuves, s'en seroient emparés. Le desir de parvenir à cette solution fut probablement un des principaux motifs qui déterminèrent le célèbre Dolomieu à s'associer à l'expédition d'Égypte : personne ne pouvoit mieux que cet habile observateur dissiper tous les doutes dont l'érudition de plusieurs écrivains avoit malheureusement obscurci l'histoire physique de cette contrée, lui qui, par une

(1) *Lettres sur l'Égypte*, t. I.ᵉʳ, p. 13, 15, 41, 275, &c.
(2) *Voyage en Égypte et en Syrie*, tom. I.ᵉʳ, chap. II et III.

(3) *Voyage en Arabie*, par L. Niebuhr, tom. I.ᵉʳ, pag. 102.
(4) *Voyage en Égypte*, tom. I.ᵉʳ, pag. 47.

étude approfondie, s'étoit préparé d'avance à l'explorer, et auquel le flambeau de la critique avoit déjà fait distinguer sur quels points de la discussion les recherches qui restoient à entreprendre, devoient être spécialement dirigées.

Le Mémoire qu'il publia en 1793 sur la constitution physique de l'Égypte, contient l'exposé de tout ce qu'on savoit et de tout ce qu'on pouvoit dire alors sur cette matière (1). Dolomieu y prouve, par une multitude d'exemples et de raisonnemens sans réplique, que le Delta a dû être formé par les alluvions du Nil; mais il suppose qu'il existe, dans l'intérieur de cette partie de l'Égypte, des masses de rochers calcaires qui ont, pour ainsi dire, servi de noyau à ces attérissemens. Passant ensuite à l'exhaussement de cette contrée, il observe que, si le dépôt des matières chariées par le Nil étoit, chaque année, la cent-vingtième partie de la hauteur de l'inondation, ainsi que le docteur Shaw l'avoit pensé, le sol de l'Égypte s'éleveroit de quatorze pieds environ dans l'espace de cent vingt ans, mais qu'en effet il ne reste pour l'exhaussement de l'Égypte qu'une très-petite partie des matières que le Nil tient suspendues, tout le reste étant porté à la mer.

D'accord avec Richard Pococke, il admet que le fond du Nil s'exhausse en même temps que les terres qui bordent son lit; ce qui le conduit à expliquer la difficulté que présentent les diverses expressions de la crue du Nil à des époques différentes.

Il est clair, en effet, que si la colonne Nilométrique de l'île de Roudah est restée *stable*, tandis que le fond du Nil s'est exhaussé autour d'elle, le terme de la plus haute crue correspondante à l'époque de son érection doit se trouver au-dessous des plus hautes inondations actuelles. Pour faire coïncider les inondations données par la colonne du Meqyâs avec les véritables crues du fleuve, il a fallu de temps en temps reconstruire les Nilomètres; c'est aussi ce que prouve le témoignage de tous les historiens (2).

Quelle que soit, au surplus, la loi de l'exhaussement du lit du Nil, on conçoit que ce phénomène doit être très-peu sensible pendant la durée d'une génération; ce n'est qu'en comparant les crues publiées il y a déjà plusieurs siècles, à celles que l'on publie de nos jours, qu'il est possible de s'en apercevoir.

Il restoit à traiter la question du prolongement du Delta dans la Méditerranée. Dolomieu pense, avec raison, que l'accroissement de la basse Égypte en ce sens a été autrefois plus rapide qu'il ne l'est aujourd'hui, mais qu'il ne continue pas moins de s'opérer constamment. Il cite les villes de Rosette et de Damiette, qui étoient, au temps de leur fondation, il y a environ dix siècles, aux embouchures des branches du Nil auxquelles elles ont donné leur nom, et qui sont aujourd'hui reculées dans les terres à près de deux lieues du rivage. Il entreprend enfin la discussion du passage d'Homère relatif au voyage de Ménélas : mais, comme il ne fait pas attention que du temps de ce poëte le Nil étoit désigné par le nom d'*Ægyptus*, que l'embouchure Canopique de ce fleuve pouvoit être reculée vers le sud, et que l'on pouvoit en effet compter une journée de navigation entre l'île de *Pharos* et cette

---

(1) *Journal de physique*, tom. XLII, janvier 1793.

(2) *Voyez* les notes et éclaircissemens sur le *Voyage* de *Norden*, par M. Langlès, tom. III, pag. 224 et suiv. (Paris, 1798.)

embouchure, Dolomieu se trouve obligé de supposer que Ménélas contourna la chaîne de rochers calcaires qui se termine à Abouqyr, et fut obligé d'aller chercher le Nil au fond de la partie de l'ancien golfe occupée depuis par le lac *Mareotis*, que des attérissemens ont recouvert.

La discussion de tous les faits qu'il rapporte, conduisit notre savant collègue à conclure, 1.º qu'il faut distinguer dans le sol de la basse Égypte les rochers calcaires qui font partie du fond de l'ancien golfe, les sables qui sont apportés par d'autres causes que le Nil, et le limon de ce fleuve qui compose les attérissemens proprement dits; 2.º que l'exhaussement du sol de l'Égypte est une suite naturelle des submersions annuelles qu'il éprouve, et que la différence entre les crues anciennes et les crues actuelles existe seulement dans la manière de les énoncer, en les rapportant à une colonne qui se trouve aujourd'hui enterrée au-dessous du lit du fleuve de toute cette différence; 3.º enfin, que le Delta continue à s'étendre de plus en plus du côté du nord.

Malheureusement tous les faits sur lesquels ces conclusions sont appuyées, ne sont pas également exacts : ainsi l'on ne rencontre dans aucune partie du Delta rien qui atteste l'existence de ces rochers calcaires autour desquels Dolomieu suppose que les attérissemens commencèrent à se former. De même ce n'est pas seulement parce que le pied de la colonne Nilométrique du Meqyâs de Roudah se trouve aujourd'hui enterré à une certaine profondeur au-dessous des plus basses eaux, que la hauteur des inondations favorables, qui étoit autrefois de seize coudées, est annoncée aujourd'hui de vingt-deux ou de vingt-trois; c'est encore parce que l'unité de mesure à laquelle on rapporte les crues journalières du Nil qui sont publiées au Kaire, diffère beaucoup de la coudée du Meqyâs (1). Dolomieu, ignorant cette particularité et ne connoissant pas la véritable longueur de cette dernière unité de mesure, s'est cru fondé à avancer que le fond du Nil avoit dû s'élever, dans l'intervalle de neuf cent soixante-dix ans environ, de sept coudées de vingt-un pouces six lignes chacune, ou de 3^m,80.

Ici se termine l'exposé des opinions diverses auxquelles la formation du sol de l'Égypte a donné lieu. Des observations multipliées dans presque toute l'Europe ont indiqué aux peuples modernes la marche et les progrès des attérissemens qui se forment à l'embouchure des fleuves et sur leurs bords. Le cours du Nil, soumis à l'action des mêmes causes, a dû présenter les mêmes effets : aussi avoient-ils été reconnus dès la plus haute antiquité; et la tradition qu'Hérodote nous en a conservée sans altération, confirmée de nouveau par les récits de la plupart des voyageurs, n'auroit jamais été révoquée en doute, si Fréret n'eût point été entraîné à soutenir un autre système qui, tout paradoxal qu'il étoit, trouva des partisans parmi des savans du premier ordre. Ainsi des phénomènes simples et naturels, observés par-tout, et dont l'existence n'étoit contestée pour aucun lieu du monde, furent mis en question pour l'Égypte. Dolomieu entreprit de prouver qu'elle ne

---

(1) La coudée particulière du cheykh du Meqyâs, en parties de laquelle on publie les crues journalières, n'est que les deux tiers de celle qui est gravée sur la colonne Nilométrique. *Voyez* le Mémoire de M. Le Père et celui de M. Marcel, publiés dans cet ouvrage.

pouvoit être en cela l'objet d'une exception aux lois de la nature: nous lui devons le dernier et le plus beau travail qui ait été fait sur l'histoire physique de cette contrée; et nous lui devrions sans doute de l'avoir complété par un grand nombre d'observations nouvelles, s'il y eût séjourné plus long-temps: mais il en partit avant de l'avoir parcourue comme il en avoit eu d'abord le projet, en nous laissant, sinon l'espérance d'obtenir le succès qu'il auroit indubitablement obtenu de ses recherches, du moins l'obligation de multiplier les nôtres et d'en faire connoître les résultats.

Il convient cependant, avant de les rapporter, d'indiquer succinctement par quelles causes les derniers écrivains qui ont voulu déterminer la quantité d'exhaussement du sol de l'Égypte, ont été induits en erreur.

Depuis Hérodote jusqu'à Léon d'Afrique, qui vivoit au commencement du XVI.ᵉ siècle, tous les témoignages des historiens et des voyageurs s'accordent à fixer à seize coudées la hauteur à laquelle la crue du Nil doit s'élever pour que les terres de l'Égypte soient convenablement inondées. C'étoit aussi lorsqu'elle étoit parvenue à cette hauteur, que l'impôt auquel ces terres sont assujetties, devoit être acquitté en entier. Cet ancien usage de faire supporter l'impôt à toutes les terres, lorsque l'inondation est montée à ce terme, s'est maintenu jusqu'à présent; et voilà pourquoi la trace de la seizième coudée sur la colonne Nilométrique est appelée *l'eau du sultan*, au rapport d'Abd-allatif (1), et que la digue du canal du Kaire est coupée aussitôt après que le cheykh du Meqyâs a fait proclamer que la crue s'élève à seize coudées.

Cette coupure de la digue, qui, comme on sait, s'exécute avec beaucoup de solennité, ne suspend pas la publication des accroissemens journaliers du Nil : elle continue d'avoir lieu pendant quelque temps; et dans certaines années, elle se prolonge jusqu'à l'annonce d'une crue totale de vingt-trois ou de vingt-quatre coudées. En 1683, par exemple, pendant que le prince Radziwill étoit en Égypte, on publia une crue de vingt-une coudées; et en 1801, la troisième année de notre expédition, on en publia une de vingt-trois coudées deux doigts, quoiqu'elle n'eût été véritablement que d'un peu plus de dix-huit coudées, en commençant à compter de la division inférieure de la colonne.

Il y a donc, depuis une certaine époque, une différence entre la longueur de la coudée marquée sur la colonne du Meqyâs, et la longueur de celle qui est employée dans les criées publiques. Les voyageurs étrangers qui n'ont connu que les accroissemens journaliers, tels que les publications en sont faites, ont ignoré par conséquent la hauteur réelle de l'inondation mesurée au Meqyâs, et n'ont pu tirer de la différence entre la hauteur de seize coudées, à laquelle le Nil devoit parvenir autrefois, et celle de vingt-trois et de vingt-quatre, à laquelle on annonce qu'il parvient aujourd'hui, aucune conclusion juste sur l'exhaussement du sol de l'Égypte et du lit de ce fleuve. Nous ajouterons que c'est non-seulement sur la hauteur totale de son accroissement annuel, mais encore sur la loi de son accroissement diurne, que

____

(1) *Relation de l'Égypte*, par Abd-allatif, médecin Arabe de Bagdad, &c. traduite par M. Silvestre de Sacy; Paris, 1810; pag. 336.

la plupart des voyageurs ont été induits dans une erreur que partagent tous les habitans du pays. En effet, Thévenot (1), le P. Vansleb (2) et Pococke (3) nous avoient déjà appris, et nous avons été à portée de nous en assurer, qu'au lieu de publier les accroissemens rapides qui ont lieu de vingt-quatre heures en vingt-quatre heures, quand le Nil commence à se gonfler, on en dissimule une partie, que l'on réserve pour être ajoutée aux accroissemens dont on fait l'annonce quelques jours avant celui où les digues des canaux doivent être ouvertes : ainsi, quoique le Nil ne croisse alors communément que de cinq ou six doigts, les crieurs en publient vingt-trois ou vingt-quatre, afin d'augmenter les espérances d'une bonne récolte, et d'obtenir sous cette espérance, et par l'effet de la satisfaction qu'elle procure, des gratifications plus fortes; car ces crieurs vont annonçant l'état du Nil dans les rues, et entrent dans les maisons, où ils reçoivent quelque argent.

Les mêmes motifs qui, dans l'antiquité, avoient fait confier les Nilomètres à la garde exclusive de certains membres de l'ordre sacerdotal, et qui en interdisoient l'accès au vulgaire, ferment encore l'entrée du Meqyâs de Roudah au peuple actuel de l'Égypte : on tient ainsi caché sous des annonces mensongères le véritable état du fleuve pendant la durée de sa crue, parce que l'intérêt du fisc exige que l'impôt soit acquitté tout entier par les contribuables, à quelque hauteur que l'inondation s'élève. Au reste, il n'est point de notre sujet de rechercher la cause à laquelle on doit attribuer les usages suivis dans la publication journalière de l'accroissement du fleuve ; il nous suffit d'avoir prouvé qu'avant l'expédition Française en Égypte, on manquoit d'observations précises pour résoudre les questions relatives à la formation du sol de cette contrée. Celles que nous avons recueillies, vont être exposées dans la section suivante.

SECTION IV.

Recherches et Observations faites pour déterminer la quantité séculaire d'exhaussement du lit du Nil et du sol de l'Égypte.

Les changemens qui s'opèrent naturellement dans le lit d'un fleuve par le dépôt successif des matières qu'il charie, sont assujettis à des lois générales, également applicables à tous les courans d'eau dont la longueur développée s'accroît par le prolongement des attérissemens qui se forment à leur embouchure. Ainsi les observations au moyen desquelles on détermine ces changemens, peuvent servir à étendre la théorie du cours des fleuves, c'est-à-dire, de la partie de l'hydraulique qui se lie le plus immédiatement à l'histoire physique de la surface de la terre.

L'exhaussement des plaines exposées à des submersions périodiques suivroit les mêmes lois, si les eaux s'y répandoient en s'épanchant naturellement par-dessus les bords du fleuve qui les traverse, et si, après les crues de ce fleuve, elles

---

(1) *Voyage du Levant*, tom. I.er, pag. 463.

(2) *Nouvelle Relation d'Égypte*, par le P. Vansleb, pag. 68.

(3) *Voyage de Richard Pococke en Orient, dans l'É-gypte, l'Arabie, &c.*, tom. II de la traduction Française, in-12, pag. 267 et suiv.

rentroient naturellement dans son lit : mais, lorsque ces plaines, comme celles de l'Égypte, sont entrecoupées de canaux, et traversées par des barrages qui soutiennent sur différens points les eaux d'une inondation, la marche de la nature se trouve intervertie, et les observations que l'on peut recueillir sur l'exhaussement du sol, ne présentent plus que des anomalies dont les travaux des hommes peuvent seuls fournir l'explication.

On voit comment les faits relatifs à l'exhaussement du lit du Nil, et ceux relatifs à l'exhaussement du sol de la vallée, doivent se ranger en deux classes distinctes.

Les premiers peuvent servir non-seulement à constater la quantité dont le fleuve s'est exhaussé dans un certain intervalle de temps, mais encore à faire connoître la loi de cet exhaussement avec d'autant plus de certitude, que les observations ont été répétées en un plus grand nombre de lieux. Quant aux seconds, ils constatent bien, à la vérité, l'exhaussement du sol des plaines exposées aux inondations ; mais on n'en peut conclure que par approximation la progression suivant laquelle il s'opère en un point déterminé.

Le Nil présente, pour la détermination des lois générales auxquelles les fleuves sont assujettis dans l'établissement de leur régime, l'avantage particulier de ne recevoir, depuis son entrée en Égypte jusqu'à son embouchure, aucun affluent qui modifie la pente naturelle de ses eaux et la figure du fond de son lit. C'est un immense courant isolé, dont il est par conséquent d'autant plus facile d'étudier les divers phénomènes, qu'ils sont dus à des causes moins compliquées. D'un autre côté, tandis que la plupart des peuples peuvent voir avec une sorte d'indifférence les fleuves qui traversent leur pays, s'écouler à la mer, sans avoir besoin de remarquer les changemens que le retour des saisons fait éprouver à ces fleuves, les Égyptiens, intéressés à connoître à chaque instant l'état du Nil, puisqu'il est la source unique de la fécondité de leurs terres, avoient érigé, le long de son cours, des édifices particuliers où, comme dans autant d'observatoires, on tenoit registre de ses changemens journaliers ; édifices dont, après un certain laps de temps, la position, par rapport au niveau du fleuve, pouvoit elle-même servir à indiquer la quantité d'exhaussement séculaire de ce niveau.

Si l'Égypte a été appelée avec raison une *terre classique*, on voit que le Nil mériteroit le nom de *fleuve classique* avec plus de raison peut-être ; car les observations dont il est l'objet depuis un temps immémorial, conduiroient certainement à la connoissance des lois de l'hydraulique applicables aux grands courans d'eau et aux changemens qu'ils éprouvent dans la pente et la figure de leurs lits, si les Nilomètres qui furent construits dans les différentes provinces de l'Égypte, avoient subsisté jusqu'à présent, et si la date de leur érection nous étoit bien connue.

Mais il n'existe aujourd'hui qu'un seul Nilomètre que l'on consulte : c'est celui de l'île de Roudah ; et parmi ceux dont l'histoire constate l'existence, nous n'avons retrouvé que celui de l'île d'Éléphantine : ainsi ces deux monumens sont les seuls à l'aide desquels on puisse découvrir l'exhaussement du lit du fleuve sur les deux points où ils sont érigés.

J'ai rendu compte ailleurs de la découverte que je fis, pendant mon séjour à Syène, du Nilomètre d'Éléphantine, tel que Strabon l'a décrit (1). Il est tracé sur la paroi d'une galerie pratiquée derrière un mur de quai de cette île, ou plutôt dans l'épaisseur de ce mur. La dernière coudée de ce Nilomètre porte en caractères Grecs l'indication du nombre 24; c'étoit, en effet, en coudées Égyptiennes, dont l'usage se conserva, comme on sait, sous les Ptolémées, l'expression de la hauteur des grandes inondations mesurées immédiatement au-dessous de la dernière cataracte. A l'époque où ce monument fut construit, ces inondations ne devoient donc pas s'élever au-dessus de ce terme.

Le Nil ne s'étoit encore accru que de quelques coudées dans les premiers jours du mois de thermidor de l'an 7 [25 juillet 1799], époque à laquelle je me trouvois à Syène. Je dois à cette circonstance la découverte de l'ancien Nilomètre dont j'ai donné la description; car, un mois plus tard, il auroit été entièrement enseveli sous les eaux, et la recherche en eût été impossible.

Pour comparer le niveau de la vingt-quatrième coudée du Nilomètre d'Éléphantine à celui des grandes inondations actuelles, il falloit être assuré de la hauteur à laquelle elles s'élèvent; ce dont nous ne pouvions être les témoins. Heureusement leurs traces ne se détruisent point d'une année à l'autre, et nous les retrouvâmes très-distinctes sur la face du mur de quai derrière lequel le Nilomètre est établi.

Il résulte du nivellement que je fis pour constater la différence de hauteur entre l'extrémité supérieure de la vingt-quatrième coudée de ce Nilomètre et les grandes inondations actuelles, que cette différence est de 2^m,413 *(fig. 8)*. Ainsi le fond du Nil s'est exhaussé de cette quantité au moins, depuis l'époque à laquelle ce monument fut érigé; car il n'y a aucune raison de penser que la quantité d'eau qui descend de l'Abyssinie, soit différente aujourd'hui de ce qu'elle étoit autrefois.

Une inscription tracée dans la galerie qui forme le Nilomètre d'Éléphantine, porte la date du règne de Septime-Sévère (2), et semble avoir eu pour objet de rappeler une inondation qui s'éleva de plusieurs palmes au-dessus de la vingt-quatrième coudée : ainsi, sous cet empereur, les grandes inondations dépassoient déjà la limite à laquelle elles s'arrêtoient lorsque le Nilomètre d'Éléphantine avoit été construit.

Il est probable, comme nous l'avons dit ailleurs, que l'inondation à laquelle se rapporte l'inscription dont nous venons de parler, n'avoit rien d'extraordinaire, mais que les Romains, qui tenoient garnison à Syène sous le règne de Septime-Sévère, ignorant l'effet naturel de l'exhaussement du lit du fleuve, la remarquèrent comme un phénomène, parce qu'ils supposoient que l'extrémité supérieure de la vingt-quatrième coudée du Nilomètre étoit un terme fixe, au-delà duquel les crues annuelles du fleuve ne pouvoient jamais s'élever. Ainsi ce monument se trouvoit déjà inférieur au niveau pour lequel il avoit été construit. Admettons cependant que les grandes inondations parvinssent jusqu'à la trace gravée au-dessus de la vingt-quatrième coudée, c'est-à-dire, surmontassent cette coudée d'environ 0^m,31, à

(1) Voyez *A. M.* tom. *I.er, pag. 1 et suiv.*   (2) *Ibid.* pag. 10.

l'époque

l'époque même de l'inscription dont il s'agit ; il nous sera facile d'assigner la quantité dont le fond du Nil s'est exhaussé devant l'île d'Éléphantine , depuis cette époque jusqu'à ce jour. En effet, Septime-Sévère parvint à l'empire l'an 193, et mourut l'an 211 de l'ère vulgaire : si donc on admet que l'inscription ait été gravée au milieu de son règne, le fond du Nil se sera élevé de $2^m,11$ en seize cents ans ; ce qui donne $0^m,132$ d'exhaussement par siècle.

Passons maintenant au Meqyâs de l'île de Roudah, et recherchons comment il peut servir à assigner la quantité d'exhaussement du lit du Nil au point où ce monument a été établi.

Nous n'entreprendrons point d'en donner ici une description détaillée ; cette description doit être l'objet d'un mémoire de M. Le Père, notre collègue : il nous suffira de rappeler que la pièce principale de ce Nilomètre consiste en une colonne de marbre blanc érigée au milieu d'un réservoir quadrangulaire qui communique par un aqueduc avec le Nil , à la pointe méridionale de l'île de Roudah. Cette colonne est divisée, depuis sa base jusqu'au-dessous de son chapiteau, en seize coudées de vingt-quatre doigts, ayant chacune $0^m,541$ de longueur (1).

Lorsque ce Nilomètre fut érigé, il est indubitable que la seizième coudée qui le termine (*fig. 9*), désignoit la crue d'une année d'abondance ; car il a toujours été important pour le Gouvernement de l'Égypte, de connoître la limite des crues qui permettoient de lever la plus grande somme de tributs : si donc cette limite eût surmonté l'extrémité de la colonne Nilométrique actuelle, il est évident que par cela même on auroit donné à cette colonne une plus grande hauteur, afin qu'elle pût indiquer les inondations les plus favorables au fisc.

Or, dans l'état actuel des choses , quand le Nil ne s'élève pas au-dessus de la seizième coudée du Meqyâs, l'inondation est réputée mauvaise. Celle de 1799, par exemple, fut regardée comme une des plus foibles, et cependant elle monta à seize coudées deux doigts. L'année suivante , qui fut une année abondante, elle s'éleva à dix-huit coudées trois doigts. Il y a donc entre les indications d'une bonne inondation données par le Nilomètre de Roudah, à l'époque de son érection et à l'époque actuelle, une différence de deux coudées trois doigts ou de $1^m,149$; d'où l'on est fondé à conclure qu'entre ces deux époques le lit du Nil s'est exhaussé de cette quantité. Mais on sait que ce monument fut reconstruit pour la dernière fois par le calife el-Motouakel (2), au milieu du IXe siècle : ainsi l'exhaussement séculaire, que nous avons trouvé de $0^m,132$ devant l'île d'Éléphantine, n'est que de $0^m,120$ à la hauteur du Kaire.

Quoiqu'il n'existe qu'une légère différence entre ces deux expressions de l'exhaussement séculaire du fond du Nil , il convient cependant, avant d'aller plus loin, d'expliquer cette différence par des considérations puisées dans la nature même des causes qui la produisent, et de faire voir comment ces causes tendent sans cesse à rendre ces expressions identiques.

---

(1) *Voyez* le Mémoire sur le Nilomètre d'Éléphantine, *A. M. tom. Ier, pag. 43.*

(2) Vers l'année 233 de l'hégire [847 de l'ère Chrétienne]. *Voyez* le Mémoire sur le Meqyâs de l'île de Roudah, par M. Marcel, *É. M. tom. II , pag. 29.*

La pente d'un fleuve, les dimensions de sa section transversale et la vîtesse de ses eaux sont les élémens essentiels de son régime. Les rapports qui s'établissent entre ces divers élémens, ne peuvent varier qu'autant que la résistance des parois du lit à l'action corrosive du courant vient elle-même à changer ; et, dans ce cas, les modifications qu'éprouvent les élémens du régime, ont toujours pour dernier résultat de rétablir l'équilibre entre l'action corrosive du courant et la résistance des parois, c'est-à-dire, d'amener le régime du fleuve à un certain état permanent.

On conçoit, par exemple, que si des causes accidentelles augmentent, pendant une certaine période, la hauteur des dépôts qui se forment sur des points déterminés de la longueur d'un courant d'eau, la pente et par conséquent la vîtesse de ce courant deviennent plus grandes au-dessous de ces points : or il résulte nécessairement de cette augmentation de vîtesse, que les dépôts sont portés plus loin qu'ils ne l'étoient auparavant ; ce qui rétablit la pente primitive et ramène de nouveau les mêmes effets. Ainsi le fond du lit des fleuves qui charient des troubles, oscille au-dessus et au-dessous d'une certaine surface qui constitueroit la permanence de leur régime, si jamais le fond du lit parvenoit à coïncider avec elle. Cette surface, restant toujours parallèle à elle-même, s'élève de plus en plus, de telle sorte que la quantité de son exhaussement, dans toute l'étendue de son cours, pendant un certain intervalle de temps, est égale à l'exhaussement moyen de ses deux extrémités pendant la même période.

Appliquant cette théorie à la portion du cours du Nil comprise depuis Éléphantine jusqu'au Kaire, on voit que l'exhaussement séculaire de son lit doit être représenté, à très-peu près, par l'exhaussement moyen entre ceux qui ont été observés à ces deux points, c'est-à-dire, par la moitié de leur somme, ou $0^m,126$.

Quant à l'exhaussement moyen du sol de la vallée d'Égypte, il suffit d'une légère attention pour reconnoître qu'il doit être exactement le même que l'exhaussement moyen du lit du Nil ; car, s'il en étoit autrement, il arriveroit de deux choses l'une : ou le fond du fleuve s'exhausseroit plus que les plaines adjacentes, ou il s'exhausseroit moins. Or, dans le premier cas, il viendroit une époque où la hauteur du débordement sur les terres seroit plus considérable qu'elle ne l'étoit précédemment, et, à dater de cette époque, l'épaisseur des dépôts de limon, qui, toutes choses égales, est proportionnelle à la hauteur des eaux troubles, deviendroit aussi plus considérable ; ce que la supposition rejette : dans le second cas, les dépôts annuels qui ont lieu sur la plaine étant plus épais que sur le fond du fleuve, la profondeur de celui-ci augmenteroit par rapport aux bords de son lit, et il viendroit un temps où, par suite de cette augmentation de profondeur, le fond de ce lit s'exhausseroit davantage à son tour ; ce qui est également contre l'hypothèse. Si donc il n'est point exact de dire qu'en un point déterminé de l'Égypte, le fond du lit du Nil et la plaine adjacente s'élèvent simultanément de la même quantité séculaire, il est constant que, depuis la dernière cataracte jusqu'à la mer, le fond du fleuve et le niveau des plaines qu'il submerge, se sont élevés d'une même quantité moyenne, puisque ces deux surfaces tendent sans cesse au parallélisme, et que la nature les y ramène quand des circonstances particulières ou les travaux des hommes les en ont momentanément écartées.

Nous allons rapporter maintenant les observations que nous avons faites pour reconnoître l'exhaussement du sol de l'Égypte dans les plaines de Thèbes, de Syout et d'Héliopolis.

Les parties inférieures de quelques-uns des monumens de Thèbes se trouvent aujourd'hui plus ou moins enfouies dans le terrain d'alluvion que les débordemens annuels du Nil ont déposé au pied de ces monumens. Si donc on pouvoit connoître de combien ils s'élevoient autrefois au-dessus de la plaine à une époque bien connue, il seroit aisé de déduire de la profondeur à laquelle ils se trouvent maintenant au-dessous du terrain naturel, l'exhaussement du sol de la vallée sur ce point. On voit quel devoit être l'objet de mes recherches. J'eus occasion de les multiplier pendant environ trois semaines que nous résidâmes dans les différens villages qui occupent l'emplacement de cette ancienne capitale : on va voir quels en ont été les résultats.

Nous nous établîmes d'abord sur la rive gauche du Nil, où se trouve la statue colossale de Memnon. Ce colosse est placé presque au pied de la chaine Libyque, à deux kilomètres environ de distance du fleuve : lorsque l'inondation s'étend jusque là, ce qui arrive assez fréquemment, il paroît au milieu des eaux, et, après leur retraite, au milieu de champs cultivés.

Il est évident que ce n'étoit pas dans une semblable position qu'il fut pri mitivement érigé. Ainsi le premier coup-d'œil jeté sur ce monument atteste que le sol au-dessus duquel il s'élève, s'est exhaussé lui-même des dépôts successifs de limon que les débordemens du fleuve ont accumulés.

En considérant de plus près le piédestal de cette statue, on remarque distinctement sur toutes ses faces la trace horizontale que les inondations y ont laissée. Je m'assurai que cette ligne étoit, à très-peu près, à un mètre de hauteur au-dessus du terrain adjacent. Il falloit donc qu'à l'époque où ce monument fut établi, le sol de la place qu'il occupoit fût au moins inférieur d'un mètre au sol actuel : autrement son piédestal auroit été exposé à être submergé tous les ans d'une certaine hauteur d'eau ; inconvénient à l'abri duquel on seroit porté naturellement à croire que ses fondateurs l'avoient mis, quand d'ailleurs l'histoire ne nous auroit pas appris que les anciennes villes d'Égypte étoient toujours bâties sur des éminences factices, pour n'être point exposées aux inondations du Nil.

Une reconnoissance encore plus attentive me fit apercevoir, sur la face méridionale du piédestal de ce colosse, une inscription Grecque, dont quelques lignes seulement paroissoient au-dessus du sol ; ses lignes inférieures étoient déjà enterrées. Le nom d'*Antonin*, que je lus distinctement, me fit espérer que cette inscription, mise entièrement à découvert, fourniroit quelque date certaine d'après laquelle on pourroit établir quelques conjectures sur l'exhaussement séculaire de cette partie de la plaine.

Je fis en conséquence découvrir, par une fouille, la partie du piédestal qui porte cette inscription (1). J'en pris une copie littérale, dont M. Boissonade, membre de l'Institut, a donné cette traduction :

POUR COMPLAIRE AU DESIR QUE J'AVOIS D'ENTENDRE TA VOIX,
GLORIEUX MEMNON, TA MÈRE, L'AURORE AUX DOIGTS DE ROSE,
T'A RENDU VOCAL LA DIXIÈME ANNÉE DE L'ILLUSTRE ANTONIN,
LE MOIS DE PACHON COMPTANT SON TREIZIÈME JOUR.

Voilà donc une inscription qui ne remonte pas au-delà du second siècle de l'ère Chrétienne, et dont les lignes intermédiaires, se retrouvant au niveau même du terrain, fournissent en quelque sorte une démonstration écrite de son exhaussement depuis cette date. Mais quelle a été la quantité de cet exhaussement! C'est une question qui ne peut être résolue qu'à l'aide de quelque hypothèse sur la hauteur du sol à l'époque où cette inscription fut gravée.

Or on peut supposer, ce qui semble d'abord assez naturel, que la personne qui la grava, se tint debout contre le piédestal pendant qu'elle faisoit cette opération, de manière que les lignes intermédiaires se trouvèrent, au moment où elles furent tracées, à environ 1^m,50 au-dessus du terrain adjacent; et comme elles sont maintenant au niveau de ce terrain, il s'ensuivroit que ce niveau s'est exhaussé au moins de 1^m,50 depuis la date de l'inscription, c'est-à-dire, dans une période de seize cents ans; ce qui donne un exhaussement séculaire de 0^m,094 environ.

Remarquons cependant que cette supposition conduit au *minimum* de l'exhaussement séculaire; car, si l'inscription dont il s'agit a pu être gravée par un homme de taille ordinaire qui se tenoit debout au pied du colosse, il a pu arriver aussi que cet homme se soit élevé, par quelque moyen, au-dessus du terrain naturel, pour tracer cette inscription, et la mettre, par cette précaution, à l'abri des dégradations auxquelles elle seroit restée exposée si elle eût été gravée plus bas. C'est apparemment un pareil motif qui a fait placer sur les jambes, les bras et la poitrine de la statue, une partie des inscriptions dont elle est couverte, et cela à une époque où les quatre faces du piédestal présentoient, comme aujourd'hui, de grands espaces vides dans lesquels on pouvoit tracer facilement ces inscriptions, sans qu'on eût besoin de recourir aux échafaudages qu'on a dû nécessairement employer pour les écrire là où elles sont placées. Ce motif ne vient-il pas appuyer l'hypothèse que l'auteur de l'inscription gravée dans la xe année d'Antonin se sera aidé de quelque artifice pour l'écrire à une certaine hauteur! Or, s'il en étoit ainsi, l'exhaussement séculaire de la plaine seroit plus grand que celui à la détermination duquel nous venons de parvenir. Les recherches que nous continuâmes de faire, donnent un nouveau poids à cette conjecture.

Après avoir mis l'inscription entièrement à découvert, la fouille qui avoit été commencée, fut approfondie jusqu'à la base du piédestal. On trouva cette base à 1^m,924 au-dessous du terrain naturel, posée sur des blocs de grès qui probablement formoient le pavé de la place où la statue étoit érigée *(fig. 10)*. Ce

____

(1) Le *fac simile* de cette inscription est gravé, *A. vol. II, planche 22, fig. 6.*

piédestal est d'un grès quartzeux, extrêmement dur; il est poli sur toutes les faces,
et se termine inférieurement par un socle de trente centimètres de haut, qui se
raccorde avec ces faces par une moulure appelée *cavet*. Cette espèce d'ornement
et le poli de tout l'ouvrage attestent que, lors de l'érection du colosse, son piédestal
étoit destiné à être vu dans toute sa hauteur : il y a donc eu un temps où la statue
de Memnon et son piédestal entier s'élevoient au-dessus d'un pavé de blocs de grès,
qui probablement recouvroit le sol de la place où elle fut originairement placée ;
il ne s'agit plus que d'assigner, s'il est possible, une époque à laquelle le champ où
elle se trouve aujourd'hui, présentoit l'aspect d'une place publique.

Entre tous les auteurs de l'antiquité qui depuis Strabon ont parlé de ce colosse
et qui en ont décrit l'emplacement comme un lieu environné d'anciens édifices
dont ils attribuent généralement la dévastation à Cambyse (1), Philostrate est le
dernier et celui dont le témoignage semble le plus positif. Il raconte, dans la
Vie d'Apollonius de Tyane (2), « que le lieu où paroît la statue, ressemble à une
» place publique, telle qu'on en voit dans les villes anciennement habitées, où
» l'on trouve encore des fragmens de colonnes, des vestiges de murailles, de
» siéges, de chambranles de portes, et des statues de Mercure, dont une partie
» a été détruite par le temps, et l'autre par la main des hommes, &c. »

Qu'antérieurement au voyage d'Apollonius de Tyane en Égypte, le colosse
de Memnon ait été situé dans l'intérieur d'un temple, ou sur une place publique,
il demeure toujours constant, s'il est permis d'en croire son historien, qu'à l'époque
de ce voyage, les édifices au milieu desquels on remarquoit ce colosse, étoient déjà
tombés en ruine et paroissoient avoir formé l'enceinte d'une place publique : mais,
pour caractériser cet aspect, il falloit que le sol de cette place, c'est-à-dire, le
pavé de blocs de grès sur lequel le monument repose, fût encore à découvert; car,
s'il eût été enseveli sous le limon, comme il l'est de nos jours, ce lieu auroit
ressemblé à un champ, et non pas à une place publique, comme le dit Philostrate.
Ceci s'accorde, au surplus, avec le témoignage de Strabon, qui, lorsqu'il visita les
ruines de Thèbes à peu près dans le même temps, retrouva les grandes avenues de
sphinx de Karnak pavées de dalles de pierre (3), qui sont aujourd'hui cachées sous
les dépôts du Nil. On est donc suffisamment fondé à croire que le sol de la place du
Memnonium n'avoit point encore été recouvert d'alluvions lors du voyage d'Apollonius de Tyane; et comme la date de ce voyage peut être fixée au milieu du premier
siècle de l'ère Chrétienne, il s'ensuivroit que le sol du quartier de Thèbes où la
statue de Memnon étoit placée, se seroit exhaussé de 1^m,924 dans l'intervalle de
dix-huit cents ans ; ce qui donneroit un exhaussement moyen de 0^m,106 par siècle.
Mais il faut bien remarquer que l'emplacement sur lequel cet exhaussement séculaire de 0^m,106 est mesuré, n'a pas toujours été exposé aux submersions annuelles,
soit parce que c'étoit le dessus d'un monticule factice, soit parce que c'étoit le
prolongement du talus de la montagne Libyque : ainsi les inondations dont le

(1) Diodore de Sicile, *Bibl. histor.* liv. I. Strabon, et Devilliers, *chap. IX*, pag. 99 et 118, où ils ont rap-
Géogr. liv. XVII. Pausanias, *Descript. de la Grèce*, liv. I. porté le passage de Philostrate.
(2) *Voyez* la Description de Thèbes par MM. Jollois (3) Strab. *Géogr.* liv. XVII, pag. 805.

niveau s'élevoit de plus en plus par l'effet naturel de l'exhaussement de la plaine, n'ont couvert d'abord la place du *Memnonium* que de très-petites hauteurs d'eau, et n'y ont laissé, par conséquent, pendant un certain temps, que des dépôts de limon d'une épaisseur presque insensible; de sorte que la somme de ces dépôts successifs, dont l'épaisseur annuelle augmentoit de plus en plus suivant une certaine loi, est nécessairement moindre que la somme des dépôts d'épaisseur constante qui s'accumuloient pendant le même temps dans la plaine. Voilà pourquoi, tandis que l'exhaussement de la vallée d'Égypte peut être porté à $0^m,126$ par siècle, en le concluant de l'exhaussement même du lit du Nil, on ne trouve que $0^m,100$ environ pour l'exhaussement séculaire de la place du *Memnonium*. On voit comment ces deux faits, qui semblent d'abord s'infirmer mutuellement, se confirment l'un par l'autre.

Nous venons de dire que la place du *Memnonium* pouvoit être le dessus d'un monticule factice. Cette conjecture est en effet d'autant plus probable, que toutes les villes d'Égypte étoient, comme on sait, bâties sur de semblables éminences. On forma d'abord ces monticules des déblais qui provinrent du creusement des canaux dont le pays fut entrecoupé. Ces déblais, composés de différentes matières d'alluvion que le fleuve avoit déposées naturellement les unes sur les autres, à peu près dans l'ordre de leurs pesanteurs spécifiques, ainsi que nos sondes l'ont indiqué, furent amoncelés en désordre pour former ces éminences artificielles, qui depuis continuèrent de s'exhausser et de s'étendre par l'accumulation des décombres que l'on déposa autour des habitations dont elles se couvrirent, de même que cela se pratique encore aujourd'hui.

Le sol des villes et des villages de l'Égypte se trouva par conséquent composé, jusqu'à une certaine profondeur, de matières hétérogènes, tandis que la couche du limon du Nil qui formoit le terrain naturel sur lequel on fit primitivement ce remblai, a dû nécessairement conserver sa couleur, son homogénéité, et l'horizontalité de sa surface : en creusant des puits verticaux dans un pareil remblai, on est toujours sûr de parvenir à cet ancien sol ; et comme il est facile à distinguer par la réunion de ses caractères, il est également facile d'assigner son niveau par rapport à la surface actuelle de la plaine.

Or cette détermination conduiroit, soit à la connoissance de l'exhaussement séculaire de la vallée, en supposant connue l'époque de la formation de ces remblais, soit à déduire cette époque même, de la quantité d'exhaussement séculaire qui auroit été assignée par des observations préalables.

Je sentois toute l'importance des fouilles que l'on auroit pu entreprendre autour des colosses du *Memnonium*, pour obtenir de nouvelles données sur ces questions : mais les circonstances nous obligèrent d'abandonner momentanément ce quartier de Thèbes; nous passâmes sur la rive droite du Nil, le 2 fructidor de l'an 8 [19 août 1799]: heureusement cette rive est également couverte de monumens, et nous pûmes y reprendre la suite de nos recherches au point où elles avoient été laissées de l'autre côté.

L'isolement des monumens rend les fouilles plus faciles à faire autour d'eux, et cette considération peut souvent déterminer le choix des emplacemens où elles doivent être entreprises.

On a vu, dans la Description de Thèbes, publiée par MM. Jollois et Devilliers, ingénieurs des ponts et chaussées (1), que près de la porte occidentale du grand palais de Karnak se trouvoient deux sphinx, qui sont aujourd'hui presque entièrement enfouis sous le sol cultivable. Je fis creuser autour de l'un d'eux jusqu'au dessous du socle sur lequel son piédestal est posé. Il se trouva précisément inférieur de 1^m,64 au niveau moyen de la plaine *(fig. 11)*. Le dessous du piédestal de la statue de Memnon, sur la rive opposée, avoit été trouvé inférieur de 1^m,92 au terrain adjacent. Il y a trop peu de différence entre ces deux quantités d'encombrement, pour ne pas admettre que le sol de la ville de Thèbes étoit à peu près au même niveau sur les deux rives du fleuve, ou, ce qui est la même chose, que ses différens quartiers étoient à peu près contemporains.

Je me disposois à approfondir la fouille que j'avois fait commencer près de ce sphinx, pour arriver au terrain vierge sur lequel repose le remblai qui supportoit ces anciens monumens de Thèbes, lorsqu'en parcourant les environs du village de Karnak, je remarquai, à l'est de ce village et dans le massif même du prolongement de ce remblai, une tranchée qui y avoit été ouverte. Je reconnus aisément, à la coupe de ce remblai, qu'il étoit composé de terres rapportées et de décombres jusqu'à six mètres en contre-bas du sol actuel de la plaine, profondeur à laquelle le terrain d'alluvions naturelles, formé d'une couche de limon du Nil parfaitement horizontale et d'une épaisseur indéterminée, tranchoit avec les terres du remblai de la manière la plus évidente. Il s'ensuivroit évidemment que, depuis l'époque de l'établissement du monticule factice sur lequel la ville de Thèbes fut bâtie, le sol de la vallée se seroit exhaussé de six mètres.

Il convenoit de répéter cette observation importante sur un autre point, et au pied de quelque monument dont on pût atteindre la fondation. L'extrémité méridionale du palais de Louqsor, à l'angle de ce palais le plus rapproché du Nil, me parut offrir un emplacement commode pour une nouvelle fouille. Une corniche Égyptienne qui sert de soubassement à cet édifice, s'élève sur une assise de fondation, laquelle se trouve aujourd'hui à 2^m,76 au-dessous du niveau de la plaine *(fig. 12)*. Cette assise est elle-même posée sur un ancien remblai, comme il nous fut aisé de le reconnoître (2). Nous continuâmes la fouille jusqu'à 3^m,248 de profondeur, où se montra le sol vierge de l'ancienne plaine : de sorte qu'ici, comme à Karnak, il y a environ six mètres de différence entre le niveau actuel de la vallée et celui de sa surface lorsqu'elle fut couverte du remblai de Louqsor.

Si l'histoire ne nous a rien appris de certain sur l'époque de la fondation de Thèbes, qui fut au temps de sa splendeur le chef-lieu d'un puissant royaume, on conçoit qu'à plus forte raison elle ne doit rien nous apprendre sur l'époque nécessairement antérieure où l'on forma, avec des terres rapportées, l'éminence artificielle destinée à recevoir dans la suite les constructions colossales dont nous admirons aujourd'hui les restes.

(1) Description générale de Thèbes, *pag. 85.*   (2) Voyez *A. vol. III, planche 8.*

Nous disons que la formation de ce remblai est nécessairement antérieure à la fondation de Thèbes : car une telle ville ne s'élève point tout-à-coup au rang qu'elle doit tenir; elle s'accroît par degrés, à mesure que les avantages de sa situation y attirent une population plus nombreuse. De nouvelles habitations vinrent donc se grouper successivement autour de celles qui s'étoient établies les premières dans la plaine de Thèbes, et le nombre s'en accrut jusqu'à ce que les richesses qui s'accumulèrent dans cette capitale, eussent excité la cupidité de Cambyse et provoqué la dévastation à laquelle il la livra. Mais il s'étoit écoulé un long intervalle entre l'époque des premiers établissemens qui n'avoient fait que marquer en quelque sorte l'emplacement futur qu'elle devoit occuper, et l'époque de la dévastation que nous venons de rappeler. Tout porte à croire que la plus ancienne de ces époques se confond avec celle où les habitans de la haute Égypte devinrent cultivateurs, de pasteurs qu'ils avoient été jusqu'alors : elle se perd dans la nuit des temps, et cependant ce seroit celle que nous aurions besoin d'assigner.

Par suite de l'ignorance où nous sommes à cet égard, la différence que nous avons observée à Karnak et à Louqsor entre le niveau de l'ancienne plaine et celui de la plaine actuelle, ne peut nous servir à déterminer l'exhaussement séculaire du sol. Il ne nous reste qu'à employer les résultats de nos précédentes observations, pour rechercher l'époque probable de l'établissement des monticules factices sur lesquels la ville de Thèbes fut bâtie.

Nous avons expliqué plus haut comment, dans une période d'une certaine durée, l'exhaussement moyen de la vallée d'Égypte doit être égal à l'exhaussement moyen du lit du Nil. Nous avons été conduits à fixer ce dernier à $0^m,126$ par siècle ; et comme la différence de niveau dont il s'agit ici est de six mètres, il s'ensuit que l'époque cherchée doit remonter à 4760 ans de la date de nos observations, c'est-à-dire, à 2960 ans avant notre ère, 418 ans environ après le dernier cataclysme que notre globe a éprouvé, suivant la chronologie des Septante.

Il ne faut pas perdre de vue, au surplus, que cette époque est celle d'une révolution qui, changeant les mœurs des premiers habitans de l'Égypte et leur donnant les besoins de la vie agricole, les amena au milieu de la vallée et sur les bords du Nil, où, pour se mettre eux et leurs troupeaux à l'abri de ses inondations périodiques, ils furent obligés de construire leurs demeures sur des éminences artificielles : or cette révolution dans les mœurs des Égyptiens précéda nécessairement de plusieurs siècles la fondation de Thèbes, que les progrès rapides de l'agriculture et de la civilisation contribuèrent sans doute à agrandir, mais qui ne dut ses richesses et sa célébrité qu'au commerce immense dont elle devint postérieurement l'entrepôt.

D'autres observations nous ont appris à quelle hauteur au-dessus de la plaine actuelle se trouvent le plafond de l'une des salles situées à la partie méridionale du palais de Louqsor et le pied des obélisques qui décorent l'entrée de cet édifice du côté du nord.

Nous trouvâmes ce plafond supérieur de $0^m,65$ seulement au terrain naturel de la campagne adjacente. Quant aux obélisques, nous reconnûmes qu'ils étoient posés sur des blocs de granit, dont l'un, qui sert de base à l'obélisque oriental, se trouve

également

également élevé de 0,^{m}65 au-dessus de la plaine : or on se rappelle que cette plaine est aujourd'hui plus haute de six mètres que l'ancien sol de la vallée ; celui-ci se trouve par conséquent inférieur de 6^m,65 au plafond du temple de Louqsor et au soubassement de l'un de ses obélisques.

Après avoir ainsi déterminé la hauteur de ce plafond et de ce soubassement par rapport à l'ancien et au nouveau sol de la vallée, nous nous sommes assurés que l'obélisque oriental de Louqsor étoit enfoui jusqu'à sa base, de 3^m,941, dans le sol de décombres qui forme aujourd'hui la petite place de ce village, et que le niveau de cette place s'élevoit de 4^m,585 ou de 4^m,60 au-dessus de la plaine actuelle *(fig. 13)*.

Cette hauteur de 4^m,60 est à peu près celle des éminences factices sur lesquelles sont bâtis la plupart des villes et des villages modernes de l'Égypte : si donc on supposoit, ce qui est très-vraisemblable, que, dans l'antiquité, les divers lieux de la vallée où les habitations s'étoient concentrées, avoient la même élévation au-dessus des campagnes voisines, il s'ensuivroit qu'au temps de la fondation des monumens de Louqsor, la plaine de Thèbes s'étoit déjà exhaussée de deux mètres, depuis l'époque des premiers remblais qui y avoient été faits ; or, cet exhaussement ayant exigé un intervalle de seize siècles environ, la date de la fondation des monumens de Louqsor remonteroit à quatorze cents ans avant notre ère. Mais la ville de Thèbes, dans l'enceinte de laquelle ils étoient compris, existoit nécessairement avant cette époque : nous rappellerons même ici que l'on voit aujourd'hui, dans des massifs de murs qui se rattachent aux ruines actuelles, des pierres taillées qui sont couvertes de sculptures hiéroglyphiques ; ce qui prouve évidemment que ces matériaux proviennent de la démolition de constructions plus anciennes.

On sent bien que nous ne prétendons pas ici attribuer une précision rigoureuse à la détermination des différentes époques que nous venons d'indiquer ; ce sont de simples conjectures, renfermées dans des limites de probabilité assez rapprochées, que de nouvelles recherches rapprocheroient encore : aussi n'avons-nous laissé échapper aucune occasion d'ajouter de nouveaux faits à ceux que nous avions déjà recueillis.

Lorsqu'on eut établi pour la première fois, dans la vallée de l'Égypte supérieure, les digues destinées à soutenir les eaux de l'inondation, il se forma de ces digues et des canaux qu'elles traversent, un système général d'irrigation auquel les circonstances n'ont depuis apporté aucun changement notable, du moins quant aux emplacemens que ces ouvrages occupent. Cette opinion est d'autant mieux fondée, que la moindre modification dans ce système auroit augmenté la valeur de quelques terrains, en diminuant la valeur de quelques autres ; ce qui auroit occasionné entre les cultivateurs des querelles sanglantes et interminables, semblables à celles qui s'élèvent aujourd'hui pour les plus légers intérêts, de village à village, quand il s'agit de la répartition des eaux d'arrosement. Tout porte donc à croire que les digues dont l'Égypte est entrecoupée transversalement, se retrouvent encore sur les mêmes emplacemens où elles furent établies dans leur origine : les seuls changemens qu'elles ont éprouvés consistent dans l'exhaussement progressif qu'elles ont reçu à mesure que le sol de la vallée s'est exhaussé lui-même.

2. *H. N.*   G

Une de ces digues, qui traverse la plaine de Syout, sert de chemin pendant l'inondation ; on emploie, pour l'exhausser et l'entretenir, les décombres qui proviennent de la ville et des villages voisins, matières qu'il est extrêmement facile de distinguer du terrain naturel formé des alluvions du fleuve.

Ayant fait creuser à travers cette digue le puits qui est indiqué sous le n.° 4 *(fig. 5)*, je ne retrouvai le limon du Nil qu'à 3^m,89 au-dessous de la plaine actuelle ; ce qui indique la quantité d'exhaussement du sol de cette plaine, depuis la construction de la digue dont il s'agit. L'époque de cette construction remonteroit ainsi à plus de trois mille ans, c'est-à-dire, à douze cents ans au-delà de notre ère, si l'accroissement séculaire étoit de 0^m,126, ainsi que, par les observations précédentes, on est fondé suffisamment à le conclure.

Pendant notre séjour à Syout, nous remarquâmes à l'angle d'une petite rue, et en saillie au-dessus du sol, l'extrémité supérieure d'une colonne de granit rouge poli ; comme elle étoit érigée verticalement, il étoit probable qu'elle n'avoit point été déplacée. Je fis faire une fouille qui justifia cette conjecture : cette colonne étoit enfouie de 6^m,279 dans les décombres ; sa base reposoit sur un plafond en stuc, ce qui prouve qu'elle ornoit l'intérieur d'un édifice. Enfin on trouva que la surface de ce plafond étoit de 1^m,503 au-dessous du sol de la plaine actuelle, lequel est par conséquent lui-même inférieur de 4^m,776 à celui des rues de Syout *(fig. 14)*. Malheureusement on ne peut tirer de cette observation d'autre conséquence, sinon que le niveau des campagnes qui environnent cette ville, se trouve aujourd'hui supérieur de 1^m,503 au plafond d'un édifice qui, lors de sa construction, fut indubitablement établi au-dessus des inondations.

Mais, si le monticule artificiel sur lequel fut bâtie l'ancienne ville de Lycopolis, dont il paroît que Syout occupe aujourd'hui la place, avoit été formé, comme on peut le croire, à la même époque que la digue qui traverse la plaine, alors la fondation de Lycopolis ne remonteroit pas à plus de douze cents ans au-delà de notre ère : elle seroit ainsi beaucoup plus moderne que Thèbes ; ce qui s'accorde avec l'opinion générale, que les parties supérieures de l'Égypte ont été peuplées et civilisées les premières.

Une circonstance particulière à la localité explique, au surplus, comment le monticule factice de Syout peut être d'une formation plus récente que la plupart de ceux sur lesquels ont été fondées les autres villes de la haute Égypte. En effet, la largeur de l'espace compris entre le Nil et le pied de la montagne Libyque n'est ici que de quinze cents mètres ; de sorte que les anciennes peuplades qui avoient fixé originairement leurs demeures sur le penchant de cette montagne, purent changer leurs mœurs et embrasser la vie agricole, sans être obligées de venir s'établir dans la plaine sur des éminences artificielles : aussi remarque-t-on au nord des grottes de Syout, et à la même hauteur au-dessus de la vallée, une suite de petits plateaux couverts de fragmens de vases de terre, de stuc, et d'autres décombres provenant d'anciennes habitations abandonnées, vestiges que nous n'avons pas retrouvés ailleurs semblablement placés.

Les monumens anciens sont, comme on sait, beaucoup plus rares dans la basse Égypte que dans l'Égypte supérieure. Cependant l'obélisque d'Héliopolis, qui se trouve maintenant dans une plaine cultivable, exposée aux inondations du Nil, à environ un myriamètre du Kaire, offre un moyen de reconnoître l'exhaussement de cette plaine au-dessus de l'ancien sol. Je m'y rendis le 21 frimaire de l'an 8 [12 décembre 1799], je fis creuser au pied de l'obélisque, et je reconnus qu'il reposoit sur un bloc de grès jaune rectangulaire, dont la surface est à $1^m,88$ au-dessous du niveau actuel de la plaine *(fig. 15)*.

Nous fîmes, à cent cinquante mètres de distance de l'obélisque et dans la même enceinte où il est placé, une deuxième fouille qui nous apprit que le limon du Nil recouvroit, sur une épaisseur de $1^m,732$, un sol factice, composé de terres rapportées et de décombres. La surface de ce terrain factice, qui se trouve à très-peu près au même niveau que le bloc de grès qui sert de soubassement à l'obélisque, représente le sol de l'ancienne place où l'obélisque fut érigé. Ainsi, depuis l'époque où les plus grandes inondations ont commencé à atteindre le sol de cette place, le terrain s'est exhaussé de $1^m,80$ environ.

On se rappelle que l'exhaussement de la plaine de Thèbes, près du colosse de Memnon, est de $1^m,924$ au-dessus du soubassement de cette statue : nous avons trouvé l'exhaussement de la plaine d'Héliopolis de $1^m,88$ au-dessus du soubassement de l'obélisque. Ces deux quantités d'exhaussement sont donc, comme on voit, à très-peu près égales entre elles.

Des témoignages historiques, et notamment celui de Strabon, prouvent cependant que la ville d'Héliopolis étoit encore habitée, lorsque celle de Thèbes étoit détruite : ainsi la quantité d'exhaussement du sol de la première devroit être moindre que la quantité d'exhaussement du sol de la seconde, si quelque cause particulière n'avoit pas interverti la marche naturelle des alluvions. Or cette cause est facile à découvrir, par le simple examen des circonstances de l'inondation sur ces deux points de l'Égypte.

On remarque, sur les faces du piédestal de la statue de Memnon, la trace des inondations actuelles à un mètre au-dessus de la surface du sol *(fig. 10)*, tandis que, dans la plaine d'Héliopolis, la trace de ces inondations sur les faces de l'obélisque est à $1^m,524$ au-dessus du terrain *(fig. 15)*. Il est donc constant qu'aujourd'hui la hauteur de l'inondation dans la plaine d'Héliopolis est plus grande que dans la plaine de Thèbes; et comme l'épaisseur des dépôts annuels en un point déterminé est, toutes choses égales, proportionnelle à la hauteur de l'inondation sur ce point, il s'ensuit évidemment que les épaisseurs de ces dépôts, ou les exhaussemens séculaires du sol mesurés à Thèbes et à Héliopolis, doivent être dans le rapport de 1^m à $1^m,50$: de sorte que cet exhaussement séculaire, étant supposé d'environ $0^m,10$ près de la statue de Memnon, sera de $0^m,15$ près de l'obélisque d'Héliopolis, et il aura fallu l'intervalle de douze siècles pour la formation du dépôt de limon qui recouvre aujourd'hui, sur $1^m,73$ d'épaisseur, le soubassement de cet obélisque.

Mais pourquoi l'épaisseur des dépôts séculaires de la plaine d'Héliopolis est-elle plus grande que l'épaisseur séculaire des dépôts de la plaine de Thèbes? Cela tient à la disposition des lieux où les observations ont été faites par rapport aux digues destinées à soutenir les eaux de l'inondation. En effet, la vallée d'Égypte, au lieu de présenter dans sa longueur une plaine unie, inclinée vers la mer, suivant la pente du fleuve, présente au contraire une suite de plans inclinés irrégulièrement et séparés les uns des autres par les digues transversales qui s'étendent du Nil au désert. On conçoit que, lorsqu'un espace renfermé entre deux de ces barrages consécutifs est submergé lors du débordement, la plus grande hauteur d'eau de cette espèce d'étang doit se trouver immédiatement au-dessus de la digue inférieure, tandis qu'il n'y a au-dessous de la digue supérieure qu'une hauteur d'eau d'autant moindre que la pente de la plaine vers l'embouchure du Nil est plus considérable. Les dépôts séculaires doivent par conséquent varier d'épaisseur, suivant que les points où on les remarque, sont placés à des distances plus ou moins éloignées des digues qui traversent la plaine. Au surplus, ces différences d'épaisseur dans les dépôts séculaires observés en différens points de l'Égypte ne sont, pour ainsi dire, que temporaires; car les mêmes causes qui les ont produites, tendant ensuite à les faire disparoître, concourent sans cesse, comme nous l'avons démontré plus haut, à ramener à l'identité l'exhaussement moyen du lit du Nil et celui de la vallée.

Les observations que nous avons rapportées dans cette section, prouvent que cet exhaussement moyen est, à très-peu près, de 0,^{m}126 par siècle. Ainsi, non-seulement elles ont confirmé l'opinion des anciens sur la formation du sol de l'Égypte, mais encore elles nous ont conduits à assigner, avec le degré de précision qu'on peut espérer d'atteindre dans une pareille matière, la quantité séculaire dont il s'exhausse. Toutes les fouilles que l'on entreprendra désormais sous quelques-uns des nombreux monumens antiques qui subsistent dans cette contrée, ajouteront de nouveaux faits à ceux que nous avons rassemblés. C'est aux voyageurs qui viendront après nous d'en augmenter le faisceau; les emplacemens ne manqueront point à leur curiosité : qu'ils ne craignent point de se livrer à de nouvelles recherches; il seroit encore avantageux de les entreprendre, lors même que les conclusions qu'ils en tireroient se réduiroient à de simples conjectures : car ces conjectures acquerront plus de poids par leur réunion; et si elles ne sont point de nature à nous donner le plus haut degré de certitude historique, elles pourront du moins concourir à l'éclaircissement de quelques points encore obscurs de la chronologie Égyptienne.

SECTION V.

Des différentes causes dont l'action modifie continuellement l'aspect de la vallée d'Égypte. — Des changemens qu'il pourra subir dans la suite. — Résumé de ce Mémoire.

Nous avons expliqué, dans les sections précédentes, comment le sol de la vallée d'Égypte s'exhausse de plus en plus par les dépôts que laisse le Nil sur les terres qu'il submerge : mais les débordemens annuels de ce fleuve et les changemens de direction auxquels il est sujet, ne sont pas les seules causes qui tendent à modifier l'aspect de cette contrée; les vents qui y règnent, n'exercent pas une moindre influence pour en faire varier les limites et en dénaturer la surface.

En effet, les déserts qui bordent la vallée d'Égypte à l'ouest, dépourvus de toute végétation, reçoivent presque d'aplomb, une partie de l'année, les rayons du soleil, et les réfléchissent dans une atmosphère qui n'est jamais rafraîchie par les pluies. Le thermomètre de Réaumur, plongé dans le sable qui recouvre la surface de ces déserts, s'élève jusqu'à 56 degrés; et ceci a lieu dans toute l'étendue de l'Afrique, en descendant de l'Atlas, au nord, vers la Méditerranée, et, au sud, vers le bassin des grands fleuves dont l'Océan occidental reçoit les eaux.

Ainsi une atmosphère enflammée enveloppe en quelque sorte ces régions, tandis que l'évaporation continuelle des eaux de la Méditerranée entretient à une température beaucoup plus basse l'atmosphère qui s'élève au-dessus de cette mer : ainsi, par une conséquence naturelle de cette différence de température, et par la tendance à l'équilibre qui se manifeste dans toutes les couches d'air d'inégale densité, un vent de nord règne presque constamment sur la bande septentrionale de l'Afrique. Ce courant d'air, arrêté par le mont Atlas, se réfléchit, vers l'est, dans une partie de son étendue. Cette direction, et la direction générale suivant laquelle l'atmosphère de la Méditerranée afflue du nord au sud vers les déserts de la Libye, se composent entre elles pour donner naissance aux vents de nord-ouest qui soufflent en Égypte une partie de l'année; ces vents tournent directement au nord à l'époque du solstice d'été, parce qu'alors, l'atmosphère se trouvant plus fortement dilatée au-dessus des plaines sablonneuses de l'Afrique, le courant d'air qui tend à maintenir l'équilibre atmosphérique en se portant de la Méditerranée dans l'intérieur de ces déserts, devient assez fort pour franchir les montagnes qui pourroient lui opposer quelque obstacle, et pour conserver sa direction primitive.

La chaîne de montagnes qui sépare la vallée d'Égypte de la mer Rouge, est presque aussi aride que le désert Libyque : mais, comme elle a fort peu de largeur, le courant d'air qui tendroit à s'établir de la mer Rouge vers l'Égypte en passant pardessus cette chaîne, n'a point assez d'intensité; aussi le vent d'est ne souffle-t-il dans cette contrée que pendant dix ou douze jours de l'année.

Les vents d'ouest et de nord-ouest, dont nous venons d'expliquer l'origine, chassent devant eux les sables de la Libye, qui auroient depuis long-temps envahi l'Égypte, s'ils n'avoient pas été forcés de s'accumuler en dunes sur sa limite occidentale. Certains arbrisseaux servent de point d'appui à ces dunes, et opposent au progrès des matières pulvérulentes dont elles se forment, le seul obstacle qui puisse en arrêter le cours. Ces arbrisseaux croissent sur les bords des canaux dérivés du Nil : ainsi le premier bienfait de ce fleuve est, comme on voit, d'empêcher que le pays qu'il arrose ne soit à jamais rendu stérile par les sables qui tendent à s'en emparer.

Le canal de Joseph dans l'Égypte moyenne, et celui de la Bahyreh dans la basse Égypte, sont les digues que l'art semble avoir opposées depuis long-temps à cette irruption.

On peut juger de l'avantage de cette défense en observant que par-tout où de semblables canaux n'arrêtent point les sables amenés du désert, des terrains ancien-nement cultivés en ont été envahis.

Tous les sables qui, poussés par les vents, arrivent sur les bords du Nil ou des canaux qu'il alimente, ne s'arrêtent pas sur leurs rives pour y former des dunes : une partie est jetée dans leur lit, et est entraînée par le courant, avec ceux que le fleuve amène chaque année des parties supérieures de son cours. Les sondes dont nous avons rendu compte dans la seconde section de ce Mémoire, montrent que le limon qui recouvre le sol de la vallée d'Égypte, repose sur des bancs de sable quartzeux, gris et micacé; bancs d'épaisseur variable, suivant les localités. Ainsi les matières chariées par le Nil sont de deux espèces, le sable ét le limon; elles viennent également de l'Abyssinie, ou plus généralement du pays que parcourt le Nil au-dessus de la dernière cataracte. Entre Syène et l'île de Philæ, et probablement au-dessus de cette île, les bords de ce fleuve sont couverts de sables de la même nature que ceux dont le fond de son lit est composé. On y remarque les particules de mica, et les lamelles ferrugineuses attirables à l'aimant, que l'on retrouve à ses embouchures; le fleuve les y entraîne lors de ses crues, après avoir détruit les bancs qui se forment dans son lit pendant la saison des basses eaux.

Quant au limon argileux qui contribue à changer la couleur des eaux du fleuve, il vient probablement de plus haut; car, immédiatement au-dessus de la première cataracte, il n'y a point de sol de cette nature que le Nil puisse détruire et trans-porter ailleurs.

En considérant les pesanteurs spécifiques du sable et du limon dans le mou-vement qui leur est imprimé, on voit que le Nil ne peut tenir suspendue la pre-mière de ces substances qu'autant que ses eaux sont animées d'une vîtesse suffisante. Lorsque, par une cause quelconque, cette vîtesse vient à diminuer, les matières les plus pesantes se déposent, et préparent la formation d'un banc sur lequel les eaux, se mouvant plus lentement à mesure qu'il acquiert plus d'élévation, déposent de nouvelles matières de plus en plus légères, jusqu'à ce qu'enfin cet attérisse-ment se trouve recouvert de limon, et puisse être livré à la culture.

C'est ainsi que se formèrent les bancs dans le lit du fleuve, lorsqu'il commença à couler dans la vallée d'Égypte; il déposa successivement, sur toute la largeur de cet espace, les sables fins qu'il charie, et forma lui-même de ces sables un sol que les eaux peuvent facilement sillonner : aussi l'ont-elles, en quelque sorte, remanié à plusieurs reprises, quoique la pente transversale de la vallée attire constamment le fleuve au pied de la montagne Arabique, vers laquelle le repoussent également, quand elles peuvent arriver jusque sur sa rive, les matières légères que les vents d'ouest et de nord-ouest amènent du désert Libyque.

Le Nil ayant établi son lit dans la masse de ses propres alluvions, on conçoit qu'il peut aisément corroder ses berges. Quand, pendant le temps de la crue, le courant se porte avec violence sur l'une d'elles, on voit des blocs de sable et de limon, minés par ce courant, s'ébouler dans le fleuve : ils sont aussitôt divisés; la transparence des eaux en est troublée, et ces matières, entraînées par le courant, vont s'étendre à quelque distance sur la rive opposée. Elle se forme ainsi d'un nouvel attérissement. Les graviers dont la pesanteur spécifique est la plus considérable, se déposent les premiers, et, à raison de leur volume, ils se soutiennent sous un talus plus roide; des sables plus légers se placent au-dessus sous un talus plus incliné : voilà comment s'opère le dépôt successif des matières d'alluvion, dont le talus, à mesure qu'il s'élève, s'incline davantage, jusqu'à ce que les eaux qui le surmontent, animées d'une très-petite vîtesse, ne tiennent plus suspendu que du limon argileux, lequel tombe à son tour et recouvre les sables inférieurs, en formant une surface convexe qui se raccorde horizontalement avec celle de la plaine adjacente. Voilà comment s'engendre le profil transversal des rives du Nil, et généralement celui des rives de tous les fleuves, lorsqu'elles se forment des matières mêmes qu'ils charient. On voit, par les *fig. 3* et *4*, que ce profil transversal est une courbe convexe vers leur lit ; courbe telle, que, par l'inclinaison variable de ses élémens et la pesanteur spécifique des substances dont ils sont recouverts, la stabilité de ces substances, dans le lieu qu'elles occupent, c'est-à-dire, leur résistance à la corrosion, est précisément égale à la force corrosive du courant.

Lorsqu'une rive du Nil se forme, comme on vient de le dire, par de nouvelles alluvions, elle s'alonge en dedans du fleuve, en présentant une sorte de cap ou d'*épi*, dont l'effet naturel est de reporter l'effort des eaux du côté opposé : les nouvelles corrosions qui en résultent donnent naissance à de nouveaux attérissemens. Ainsi le fleuve agit sur ses berges par des ricochets successifs, et déplace continuellement, en les portant vers la mer, les matières qu'il a lui-même déposées autrefois; ainsi, modifiant son propre ouvrage dans l'intervalle d'une certaine période, il a successivement labouré, pour ainsi dire, dans toute la largeur, la vallée de la haute Égypte. Ceci explique pourquoi les puits que nous y avons fait creuser, ont montré par-tout une couche de limon reposant sur un massif de sable de la même nature que celui que l'on trouve dans le lit du fleuve et sur ses rives : mais il est digne de remarque que l'épaisseur de la couche superficielle de limon est par-tout d'autant plus grande que l'on s'approche du désert. Une légère attention conduit facilement à saisir l'explication de ce fait.

Avant que la vallée d'Égypte fût couverte des établissemens où sa population se fixa dans la suite, les débordemens du Nil la submergeoient naturellement, c'est-à-dire que les eaux n'en étoient point dirigées sur des points déterminés par des canaux artificiels, ni soutenues par des barrages au-dessus des plaines dont l'agriculture s'est emparée depuis.

Lorsque le fleuve s'étoit accru au point de submerger les campagnes adjacentes, les eaux, immédiatement à la sortie de leur lit, déposoient sur ses bords, où elles étoient animées de leur plus grande vîtesse, les matières les plus pesantes qu'elles transportoient ; puis, s'étendant indéfiniment, leur vîtesse diminuoit de plus en plus, et les dépôts qu'elles laissoient sur le sol étoient composés de matières plus légères, jusqu'à ce que, devenues presque stagnantes lorsqu'elles étoient parvenues à la limite du désert sur l'une et l'autre rive, elles ne déposoient plus que du limon. On voit comment cette substance, qui est la plus ténue de toutes celles qui sont transportées par le Nil, doit former un dépôt plus épais à mesure que l'on s'éloigne du lit de ce fleuve.

Le creusement des canaux d'arrosage dont l'Égypte est entrecoupée, n'a rien changé à l'ordre que les différences de pesanteur spécifique ont établi dans la disposition des attérissemens du Nil. Il est aisé de concevoir, en effet, que les eaux conduites artificiellement et arrêtées contre les barrages ne peuvent y déposer que du limon, la seule matière qui trouble encore leur transparence lorsqu'elles y arrivent.

Si par ce qui précède on s'est formé une idée précise de l'action du Nil sur ses berges, et si l'on a bien saisi la marche de ses alluvions, on se trouve conduit naturellement à distinguer, dans la vallée d'Égypte, sa partie la plus profonde, ou plutôt la plus éloignée des montagnes qui la bordent, et la partie la plus rapprochée de ces montagnes. La première est exposée à être sillonnée par le fleuve, qui a tracé son lit tantôt dans un endroit et tantôt dans un autre; cette partie de la surface de la vallée a pu être, à diverses reprises, déblayée et remblayée par le courant : la seconde portion, qui est voisine des déserts, se trouve en quelque sorte à l'abri de son action, depuis que l'ordre actuel est établi; le sol qui la recouvre, est composé de couches horizontales superposées dans un ordre successif qui n'a jamais été interverti.

En débouchant de la longue vallée où il coule depuis l'île d'Éléphantine jusqu'à la vue des pyramides, le Nil, dans les premiers temps de son régime, commença à remplir d'attérissemens le golfe dont le Delta occupe aujourd'hui l'emplacement: leurs progrès naturels déterminèrent la configuration à laquelle cette partie de l'Égypte doit le nom qu'elle a porté jusqu'ici. En effet, c'est au milieu du courant d'un fleuve que se meuvent les matières les plus pesantes qu'il charie : tant que la vîtesse de ce courant est assez considérable, elles continuent à se mouvoir; mais, au moment où les eaux peuvent s'étendre dans un plus grand espace, leur vîtesse diminue tout-à-coup, et le dépôt de ces matières commence à s'opérer dans le prolongement du courant qui les transportoit. Le fleuve, obligé de contourner le banc qu'elles forment, se partage nécessairement en deux branches, au milieu de chacune desquelles s'établit, par les mêmes causes, un banc secondaire qui, prenant journellement de nouveaux accroissemens, finit par se réunir au premier. Les attérissemens trouvent ainsi, entre les deux branches du fleuve, un point d'appui qui, sous la forme d'un triangle ou du *delta* Grec, s'étend de plus en plus par l'écartement de ces branches. Outre les deux principales, il s'en forme d'intermédiaires, qui, suivant les circonstances, se comblent ou s'approfondissent, et qui jettent leurs eaux dans des lagunes ou des marécages, état par lequel passent toujours les attérissemens des fleuves, avant d'être rendus propres à la culture par un desséchement suffisant.

D'après l'explication que nous donnons ici de l'origine de la basse Égypte, on conçoit comment quelques historiens de l'antiquité n'ont admis que deux branches naturelles du Nil; la Canopique à l'occident, et la Pélusiaque à l'orient. Ils regardoient les cinq autres comme des canaux artificiels, parce qu'en effet le travail des

hommes

hommes dut s'opposer à ce que les rameaux intermédiaires s'obstruassent par des attérissemens, puisqu'ils pouvoient servir de canaux d'irrigation et porter les eaux du Nil sur les terres de nouvelle formation, dont l'agriculture s'étoit emparée.

Par cela seul que les branches Canopique et Pélusiaque portoient à la mer le volume presque entier du Nil, c'est à leurs embouchures que dut se former presque exclusivement le dépôt des alluvions qu'il charioit.

Les rives de chacune de ces branches se prolongèrent ainsi vers le large, entre deux plages sablonneuses qui étoient leur propre ouvrage ; leurs embouchures s'avancèrent dans la Méditerranée plus au nord que le reste de la côte; leur déve-loppement devenant plus considérable, leur pente diminùa proportionnellement, et les eaux du Nil se jetèrent dans les canaux intermédiaires les plus voisins, suivant lesquels elles pouvoient s'écouler à la mer avec plus de rapidité. Une partie du fleuve se porta à l'est en descendant de la branche Canopique dans la Bolbitine, tandis que les eaux de la branche Pélusiaque descendirent dans la Sébennitique. Ce changement eut lieu graduellement; car, s'il eût été produit tout-à-coup, on auroit conservé le souvenir de l'époque à laquelle il s'opéra. Ce qu'on peut affirmer, c'est que le rétrécissement du Delta par le rapprochement des bras du Nil qui le renferment, est postérieur au siècle de Pline, puisque cet auteur désigne encore comme les plus considérables les anciennes branches Canopique et Pélu-siaque, qui sont aujourd'hui oblitérées.

Celles qui s'enrichirent de leur appauvrissement, les branches Bolbitine et Sébennitique, ou, comme on les appelle aujourd'hui, celles de Rosette et de Da-miette, ont, à leur tour, étendu leurs embouchures en saillie sur la côte d'Égypte, de sorte qu'elles présentent maintenant, dans le système hydrographique de ce pays, un état semblable à celui où se trouvèrent autrefois les branches Canopique et Pélu-siaque, quand les eaux cessèrent d'y couler pour se porter vers l'intérieur du Delta.

Que l'on compare, en effet, le développement actuel de la branche de Damiette au développement de l'ancienne branche de Péluse jusqu'au lac Menzaleh, qui peut, sans beaucoup d'erreur, être supposé de niveau avec la Méditerranée, et l'on trouvera que les longueurs de l'ancienne branche Pélusiaque et de la branche actuelle de Damiette sont entre elles, à très-peu près, dans le rapport de 17 à 18; d'où l'on voit que, si les eaux du Nil étoient abandonnées à leur cours naturel entre le Kaire et le *Ventre de la Vache*, elles se porteroient aujourd'hui dans la branche de Péluse, qui redeviendroit ainsi, comme autrefois, l'une des deux prin-cipales branches du Nil.

Les eaux de la branche de Damiette tendent également à se jeter dans le canal de Menouf, parce que, suivant la remarque que nous en avons déjà faite, le déve-loppement de ce canal, entre son embouchure et le *Ventre de la Vache,* est moindre que le développement de la branche de Rosette entre ces deux mêmes points.

La digue de Fara'ounyeh, située à l'origine du canal de Menouf, s'étant rompue il y a quelques années, il fallut entreprendre des travaux considérables pour la réparer ; on se rappellera long-temps dans le pays la violence avec laquelle les eaux se portèrent par cette voie dans la branche occidentale du Nil. Celle de

Damiette, que cet accident avoit considérablement atténuée, fut envahie par les eaux de la mer : elles y remontèrent jusqu'au-delà de Fareskour, inondèrent les terres cultivables, et les rendirent stériles pour plusieurs années.

Les effets qui suivirent la rupture de la digue de Fâra'ounyeh, se manifeste-roient de la même manière, si l'on cessóit d'entretenir les barrages à l'aide desquels on règle l'entrée des eaux dans les canaux de Moueys et d'Achmoun, qui correspondent aux anciennes branches Tanitique et Mendésienne, et qui ont leurs embouchures dans le lac Menzaleh. Si, par la destruction ou le défaut d'entretien de ces barrages, la branche de Damiette venoit à s'appauvrir, les eaux de la mer y reflueroient; la petite langue de terre qui sépare cette branche du lac Men-zaleh, se romproit en quelques points; et comme les bords du Nil, près de son embouchure, sont plus élevés que la campagne voisine, il suffiroit aussi que ce fleuve s'ouvrît une issue à travers l'une de ses berges, pour que ces campagnes se transformassent d'abord en lagunes et ensuite en lacs semblables à ceux de Men-zaleh et de Bourlos. On pourra, à force de travaux, retarder l'époque de ce chan-gement; mais l'ordre de la nature le rend inévitable. Il viendra un temps où l'alon-gement des deux branches de Damiette et de Rosette sera si considérable, que les eaux qui y coulent maintenant, se rendront à la mer en suivant des canaux plus courts, jusqu'à ce que l'alongement de ceux-ci, occasionné par de nouveaux dépôts à leurs embouchures, oblige les eaux qu'ils auront reçues, à reprendre plus tard les routes qu'elles suivent aujourd'hui. Ainsi les eaux du Nil, sillonnant suc-cessivement la basse Égypte en différentes directions, oscillent sans cesse pour se rendre dans la Méditerranée par les lignes de plus grande pente ; et cette tendance continuelle modifie nécessairement l'étendue du Delta, sans altérer sensiblement sa forme. Il nous reste à indiquer la marche des sables qui en couvrent la côte.

Nous ferons remarquer, d'abord, que la bande de rochers calcaires qui forme le rivage de la mer depuis la Tour des Arabes jusqu'à la pointe d'Abouqyr, est presque constamment battue par les vents régnans de nord et de nord-ouest. L'action des vagues poussées contre cette côte en occasionne la destruction. On retrouve, en la parcourant au sud-ouest d'Alexandrie, les vestiges d'anciens ouvrages creusés dans le roc, parmi lesquels on distingue celui que les voyageurs ont désigné sous le nom de *bains de Cléopatre*, et les catacombes pratiquées sous l'ancien quartier d'Alexandrie appelé *Necropolis*.

Parallèlement au rivage, et à trois mille mètres de distance, règne une ligne de rochers sous-marins, ouverte par quatre passes, qui servent d'entrée au port occi-dental de cette ville; il est formé, comme on sait, par le prolongement de la côte et par l'ancienne île de *Pharos*, dont la pointe qui regarde le sud-ouest porte le nom de *cap des Figuiers*, à cause des arbres de cette espèce que l'on y cultive. Ce cap, continuellement attaqué par les flots, n'a pu résister à leur action. On aperçoit vers le large, sur son prolongement, une suite de catacombes qui avoient été creusées au-dessous du niveau de la mer; elle a envahi l'espace qu'elles occupoient, ainsi que l'emplacement de catacombes semblables dont la partie septentrionale de l'île étoit bordée. Cependant les sables calcaires qui proviennent de la côte d'Égypte, et que les vents de nord-ouest mettent en mouvement, sont venus s'accumuler au fond du port vieux d'Alexandrie, où ils ont formé, contre la digue par laquelle Alexandre joignit l'île de *Pharos* au continent, le grand attérissement sur lequel la ville actuelle des Turcs est bâtie. Les débris des rochers sous-marins qui couvrent l'avant-port, se sont avancés le long de la côte de l'île des Figuiers, et, après en avoir doublé la pointe septentrionale, ils l'ont alongée par un banc de sable qui la réunit maintenant au rocher isolé où l'on a élevé le château du Phare. Ce château, et l'espèce de chemin couvert qui y conduit, ferment le port neuf à l'ouest. L'autre côté de ce port se termine par un château plus petit, appelé *le Pharillon;* la plage à l'extrémité de laquelle il se trouve, est exposée aux vents régnans, et continuellement attaquée par les vagues: ses débris, poussés au fond du port neuf, s'y sont accumulés contre l'*Heptastadium,* qui leur a présenté un point d'appui; ils s'y étendent de plus en plus, et forment la place qui sépare, de nos jours, la ville moderne des Turcs de celle que les Arabes démembrèrent de la ville d'Alexandre, dans les siècles du moyen âge.

Au-delà du Pharillon, c'est-à-dire, au nord-est du port neuf, la côte d'Égypte, se prolongeant dans la même direction que celle qui vient du Marabout, est battue par les mêmes vents et soumise aux mêmes causes de destruction; on remarque, dans ses escarpemens, des restes d'édifices considérables dont le sol est actuellement submergé. C'est là qu'on reconnoît, jusqu'à une petite distance d'Abouqyr, l'emplacement de l'ancien quartier de *Nicopolis,* aujourd'hui tout-à-fait détruit.

Le fort d'Abouqyr est bâti sur une pointe de rocher qui termine cette côte: c'est la dernière limite de la base solide du rivage d'Afrique; elle couvre, au sud-ouest, une rade trop fameuse. Les sables qui doublent le fort sont poussés par les vents dans l'intérieur des terres, sur la rive gauche de la branche occidentale du Nil: mais ils sont arrêtés par la végétation que les eaux douces du lac d'Edkoû entretiennent à sa limite septentrionale; ils s'y amoncellent en dunes, ou se dispersent, entre le lac et la mer, sur la plage que l'on traverse en se rendant par terre d'Abouqyr à Rosette. Une partie de ces sables parvient jusqu'au Nil; ils y sont jetés par les vents, et augmentent ainsi la masse de ceux que ce fleuve charie, soit qu'il les amène de la haute Égypte, soit qu'il les ait reçus dans son cours en côtoyant le désert Libyque: car si la végétation à laquelle la présence de l'eau douce donne naissance sur les bords du Nil, détermine la formation des dunes, ces dunes elles-mêmes ne sont point inattaquables par l'action des vents qui en agitent continuellement la surface, et qui en précipitent les débris dans le fleuve, à l'embouchure duquel ils sont entraînés. C'est ainsi que la barre qui obstrue l'embouchure du Nil à Rosette, et qui oblige le courant de se bifurquer en deux passes, s'accroîtroit indéfiniment, si l'action des vents ne déterminoit pas, d'un côté ou d'un autre de cette barre, le rejet d'une partie des matières dont elle est composée. Celles qui passent sur la rive gauche viennent se ranger à l'ouest de cette embouchure, et courent du nord-est au sud-ouest, le long de la côte orientale de la baie d'Abouqyr: elles se mêlent avec celles qui en parcourent la plage, et reviennent encore sur le bord du

Nil, où elles sont projetées de nouveau après être restées quelque temps stationnaires sur les dunes de Rosette et d'Abou-Mandour. On voit que ces sables circulent en quelque sorte dans l'espace circonscrit par la mer, le lac d'Edkoû et la partie inférieure du cours du Nil ; et l'on ne doit point être étonné que cet espace éprouve peu de changemens dans son aspect, puisqu'une partie des matières qui le recouvrent y est rejetée du boghâz, où elle revient quelque temps après.

Le même effet n'a pas lieu sur la rive opposée. Les matières détachées du boghâz et rejetées sur la droite du Nil forment la pointe de cette rive et la bande étroite qui sépare le lac Bourlos de la mer. La direction de cette bande et la figure qu'elle affecte, s'expliquent naturellement par l'action combinée des vents et des courans auxquels elle est soumise : car, pendant que les vents d'ouest, de nord-ouest et de nord tendent à faire pénétrer dans l'intérieur de l'Égypte les sables poussés sur la côte, les canaux alimentaires du lac Bourlos, qui ont leur embouchure dans la partie occidentale de son pourtour, ne pouvant jeter leurs eaux à la mer qu'après avoir contourné le rivage de ce lac, il arrive qu'un courant continuel de ces eaux en balaye, du sud-ouest au nord-est, la côte intérieure ; la plage sablonneuse qui le sépare de la mer, se trouve ainsi pressée en quelque sorte par le courant littoral intérieur et par les vents d'ouest et de nord, qui soufflent du large. Aussi voit-on cette langue de sable se prolonger sous cette double action, en s'amincissant de plus en plus jusqu'au pertuis de Bourlos, seule issue par laquelle s'évacuent les eaux du Delta, lesquelles y entretiennent, suivant les saisons, un courant plus ou moins rapide.

Les sables de l'embouchure de Rosette, parvenus à la pointe de Bourlos, sont jetés par les vents dans le pertuis dont cette pointe est l'une des rives ; ils y forment, comme aux embouchures du Nil, une barre dont les matériaux traversent le courant et passent sur la rive opposée ; la partie la plus saillante de cette rive est le cap Bourlos. Une tour en pierre, élevée sur ce cap, sert à le faire reconnoître, et procure aux sables qui lui servent de soubassement, une sorte de stabilité. Au surplus, comme au-delà de ce cap, en allant du côté de l'est, il n'y a plus, derrière la plage, de lac intérieur qui arrête la marche des sables, ces matières, obéissant à la seule action des vents régnans, couvrent un espace de douze cents mètres de largeur, jusqu'aux bords de l'une des dérivations du canal de Ta'bânyeh, où elles sont obligées de s'arrêter. Cette côte sablonneuse s'incline du nord-ouest au sud-est, à partir du cap Bourlos ; et comme les eaux douces du lac peuvent aisément filtrer au-dessous, elles y entretiennent des espèces de cultures qui sont particulières à ce territoire.

La direction suivant laquelle nous venons de dire que la côte de la basse Égypte s'inclinoit vers le sud-est, à partir du cap Bourlos, se prolongeroit indéfiniment, si la saillie que l'embouchure de la branche de Damiette présente sur ce rivage, à quatre myriamètres au-delà, n'obligeoit pas cette partie de la côte à changer de direction et à se retourner vers le nord-est.

La branche de Damiette, qui traverse le milieu du Delta, ne charie que des sables de la haute Égypte, jusqu'à la prise d'eau du canal d'Abou-Ghâlyb, qui en est dérivé, et qui se dirige du sud-est au nord-ouest, à deux myriamètres environ au-dessus de cette ville. Ce canal sert de limite aux sables qui viennent de Bourlos et qui couvrent la plage. Ils se trouvent ainsi maintenus entre ce canal, la partie inférieure de la branche orientale du Nil, et la mer.

Poussés par les vents de nord et de nord-ouest, ces sables, après avoir stationné quelque temps sur les dunes qui bordent la rive gauche du Nil, y sont enfin précipités en partie ; il les entraîne à la mer avec ceux qui viennent de plus haut ; et la barre qui obstrue l'embouchure de cette branche, se forme de leur accumulation.

On conçoit que, produit par les mêmes causes, ce banc doit présenter les mêmes effets que celui de la branche de Rosette. Les deux courans qui le contournent en détachent les débris, qui sont portés, les uns à gauche du côté de l'ouest, les autres à droite du côté de l'est. Les premiers forment une ligne de dunes le long de la côte, et, s'ajoutant avec ceux qui sont amenés de Bourlos, ils reviennent au bord du Nil pour y être jetés de nouveau.

Telle est l'espèce de circulation des sables qui couvrent la rive gauche de ce fleuve près de l'embouchure de Damiette. On voit que, par un mouvement absolument le même que celui des sables dont nous avons décrit la marche à l'ouest de l'embouchure de Rosette, ils avancent également vers le large en décrivant, de l'est à l'ouest et du nord au sud, une suite de courbes qui rentrent continuellement les unes dans les autres.

Une autre partie des sables que le courant enlève du boghâz de Damiette, est rejetée sur la rive droite de cette embouchure. Les vagues de la mer et les vents régnans tendent à les jeter dans le lac Menzaleh, qui finiroit par en être comblé, si le courant littoral entretenu dans ce lac, le long de la plage qui le sépare de la mer, par les eaux des anciennes branches de Mendès, de Tanis et de Péluse, ne repoussoit pas ces matières ; de sorte que, pressées d'un côté par la mer et de l'autre par le lac Menzaleh, elles se réduisent en une petite langue étroite, bordée intérieurement de quelques arbustes, et par conséquent de quelques dunes. Mais ces dunes s'élèvent peu au-dessus du sol, parce que les plantes qui leur servent de point d'appui, et dont la végétation n'est entretenue qu'avec des eaux saumâtres, sont foibles et rabougries. Cette espèce de digue sablonneuse qui part de l'embouchure même du Nil, descend du nord-ouest au sud-est : elle est percée de trois pertuis qui correspondent aux trois embouchures des branches Mendésienne, Tanitique et Pélusiaque. Chacune de ces trois ouvertures, qui servent ensemble à l'évacuation de toutes les eaux de cette partie du Delta, est elle-même obstruée par un banc de sable, contre lequel se porte l'action du courant ; ce courant rejette les débris de ces bancs sur sa droite, où les vents régnans les reprennent à leur tour et les étalent, en prolongement de cette digue étroite, jusqu'à l'ancienne plaine de Péluse, à laquelle elle se rattache. Ces sables, dont la marche s'étend au-delà de l'emplacement de cette ancienne ville, se réunissent à ceux qui viennent de l'intérieur de la Syrie, et forment les dunes qui couvrent la partie septentrionale de l'isthme de Suez.

Les déserts de cet isthme, à l'orient du Delta, diffèrent par leur aspect de ceux qui bordent l'Égypte à l'occident. Ces derniers, à leur limite, n'offrent que des sables légers qui y ont été transportés par les vents : la surface de l'isthme est, au contraire, une plage unie, composée de graviers et de cailloux, dont la masse ne laisse aucune prise aux vents d'ouest et de nord-ouest. Ces vents ont depuis long-temps balayé cette surface, et emporté vers l'est toutes les matières pulvérulentes qui pouvoient recouvrir le sol. Il suffit, au reste, de le fouiller à une très-petite profondeur, ou plutôt d'en labourer légèrement la surface, pour s'assurer qu'il est composé de cailloux roulés, de graviers et de sables fins; matières qui se sont accumulées en désordre à une époque où, comme nous l'avons dit ailleurs, deux courans, qui venoient, l'un, de la Méditerranée, et l'autre, de la mer Rouge, se choquant avec violence sur l'emplacement actuel de l'isthme de Suez, s'y mirent en équilibre et y déposèrent les débris des côtes dont ils avoient sapé la base, et le long desquelles ils s'étoient dirigés jusque-là.

Les observations que nous avons recueillies sur la vallée d'Égypte et que nous venons de rapporter, rendent maintenant évidentes les causes qui l'ont amenée à son état actuel, et qui en modifient continuellement l'aspect. Les débordemens annuels du Nil en exhaussent le sol par le dépôt de limon qu'ils y laissent. Sans cesse rajeunie, pour ainsi dire, par le bienfait de l'inondation, cette terre, présent du fleuve, s'avance de plus en plus dans la mer, et offre à ses habitans, sur une plage qui n'a pas cessé de s'accroître depuis une longue suite de siècles, les produits d'une fertilité sans exemple, tandis que, par une inondation d'une autre nature, les sables que transportent les vents du fond des déserts de la Libye, tendent à envahir cette terre et à la frapper de stérilité. Ainsi s'expliquent naturellement ces continuels efforts dans lesquels, suivant l'ancienne fable Égyptienne, Osiris et Typhon, alternativement vainqueurs et vaincus, se disputent un terrain où ni l'un ni l'autre ne peut exercer un empire exclusif, et que la nature a disposé pour être entre eux l'objet d'un éternel combat.

FIN.

APPENDICE.

ANALYSE DU LIMON DU NIL,

Par M. REGNAULT.

L'INFLUENCE du limon du Nil dans la végétation, et ses usages dans les arts, m'ont engagé à le soumettre à l'analyse chimique.

Chaque année, après l'inondation, le sol de l'Égypte est couvert d'une couche plus ou moins épaisse de limon : sa couleur, d'abord noire, se change en brun jaunâtre par la dessiccation à l'air ; alors il se divise et présente des fentes dans lesquelles on reconnoît que le limon a été déposé par couches horizontales, disposition ordinaire de l'argile, dont il offre les autres caractères : il a une forte affinité pour l'eau, et éprouve la retraite par le feu.

En lavant le limon, on n'en sépare qu'une très-petite quantité de sels ; car 100 parties de limon n'en tiennent que 1,2 : ces sels sont composés de muriate de soude, de sulfate de soude, et de carbonate d'ammoniac.

Le limon, séché à l'air et réduit en poussière très-fine, donne, à la distillation, de l'acide carbonique et de l'eau ; la quantité d'eau qu'il perd est de 11 parties sur 100 : il a alors une couleur noire ; mais si, dans cet état, on le chauffe dans un creuset avec le contact de l'air, il prend une couleur rouge, et perd le onzième de son poids. Présumant que cette perte de poids, jointe au changement de couleur, étoit due à la combustion d'une partie charbonneuse, j'ai distillé le limon avec du nitrate de potasse, et la quantité d'acide carbonique dégagée par cette opération ne m'a laissé aucun doute sur l'existence du carbone dans la proportion indiquée.

Le limon dont on s'est servi a été pris à cinq cents toises du Nil, dans un canal servant à conduire les eaux de l'inondation : il a été séché à l'air.

Cent parties pondérales de ce limon, chauffées au creuset d'argent avec trois cents parties de potasse caustique, ont donné une masse verdâtre qui a été presque entièrement dissoute par l'acide muriatique ; quelques flocons blancs restoient dans la liqueur ; on a filtré et séparé 4 grains de silice.

La dissolution muriatique séparée en deux portions égales, l'une a été décomposée par l'ammoniac, l'autre par le carbonate de potasse.

Le précipité formé par l'ammoniac étoit composé d'alumine et de fer : il ne pouvoit y avoir de magnésie ; car la dissolution muriatique tenoit excès d'acide, et cet excès, en s'unissant à l'alcali, avoit formé du muriate d'ammoniac, qui a donné, avec le muriate de magnésie, un sel triple non décomposable par une plus grande quantité du même alcali. Pour séparer le fer de l'alumine, on a fait dissoudre cette terre dans une dissolution de potasse caustique ; et en doublant les quantités on a trouvé,

Oxide de fer... 6 parties.
Alumine.. 48.

Avant de décomposer l'autre portion de la dissolution du limon, on avoit chassé l'excès d'acide : le précipité obtenu par le carbonate de potasse a été fortement chauffé dans un têt à rôtir, pour oxider le fer, et le rendre, ainsi que l'alumine, inattaquable par l'acide acéteux. Cet acide, tenu en digestion sur le précipité, a formé, avec la chaux et la magnésie, des sels qui, séparés et convertis en carbonates, ont donné, en doublant les quantités,

Carbonate de chaux...................................... 18. parties.
Carbonate de magnésie................................... 4.

Ainsi, sur 100 parties, le limon du Nil tient,

      11 d'eau,
       9 de carbone,
       6 d'oxide de fer,
       4 de silice,
       4 de carbonate de magnésie,
     18 de carbonate de chaux,
     48 d'alumine.

TOTAL... 100 parties.

Il faut observer que les quantités de silice et d'alumine varient selon les lieux où l'on prend le limon. Sur les bords du Nil, le limon tient beaucoup de sable; et lorsqu'il est porté par les eaux de l'inondation dans les terres éloignées, il perd en chemin une quantité de sable proportionnelle à sa distance du fleuve; de manière que, lorsque cette distance est très-considérable, on trouve l'argile presque pure : ainsi le sol de l'Égypte présente l'argile dans les différens états de pureté dont les arts ont besoin.

Nous trouverons dans le limon les principes qui servent à la végétation : les cultivateurs le regardent comme un engrais suffisant dans les terres; et ils en sont tellement persuadés, que lorsqu'une terre a besoin d'engrais, ils la couvrent du limon du Nil, réservant à d'autres usages l'engrais qu'ils ont dans les étables : ainsi ils font sécher les excrémens des animaux, et les brûlent au lieu de bois qui est rare en Égypte.

Prosper Alpin justifie leur opinion; il a dit en parlant du limon : *Agri ita pinguefiunt, ut stercoratione non egeant.* Nous adoptons nous-mêmes cette opinion, n'y trouvant aucune objection; car, si la lenteur de la végétation, que l'on remarque dans quelques parties de l'Égypte, en étoit une, il resteroit à décider si cette lenteur doit être attribuée au défaut d'engrais ou au défaut de culture.

Le limon est employé dans plusieurs arts : on en fait de la brique excellente et des vases de différentes formes; il entre dans la fabrication des pipes; les verriers l'emploient dans la construction de leurs fourneaux, et les habitans des campagnes en revêtent leurs maisons.

TABLE.

A PARIS, DE L'IMPRIMERIE ROYALE.
Juillet 1817.

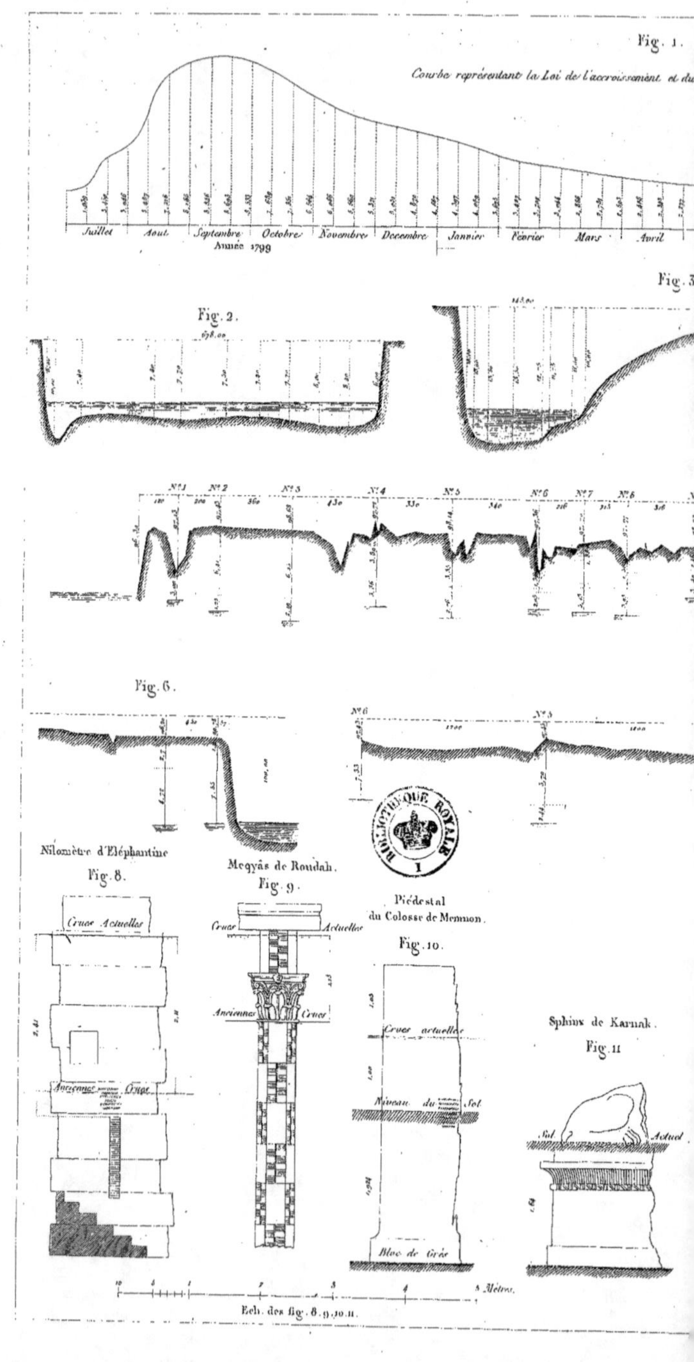

Fig. 1.
Courbe représentant la Loi de l'accroissement et du
Juillet   Aout   Septembre   Octobre   Novembre   Decembre   Janvier   Février   Mars   Avril
Année 1799
Fig. 3.
Fig. 2.
Fig. 6.
Nilomètre d'Eléphantine
Meqyâs de Roudah.
Piédestal
du Colosse de Memnon.
Fig. 8.
Fig. 9.
Fig. 10.
Sphinx de Karnak.
Fig. 11.
Crues Actuelles
Anciennes Crue
Crues Actuelle
Anciennes Crues
Crues actuelle
Niveau du Sol.
Bloc de Grès
Sol Actuel
Echelle des fig. 8. 9. 10. 11.
Métres.
BIBLIOTHEQUE ROYALE

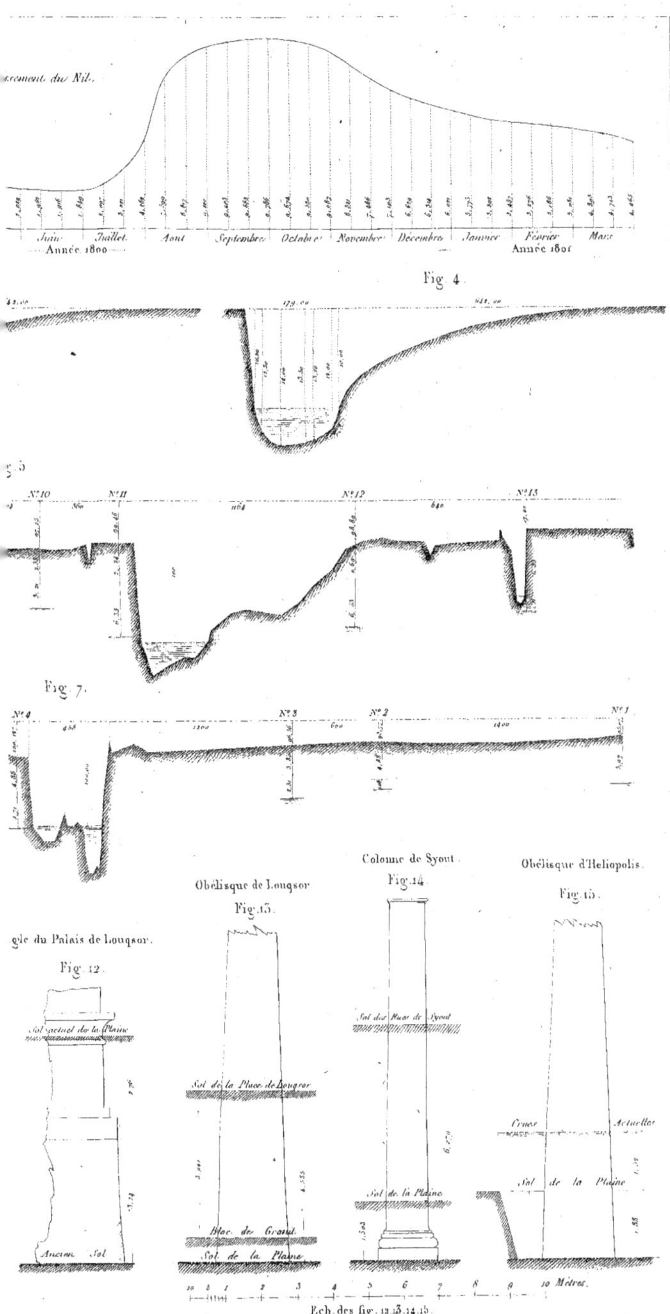
ssement du Nil.
Juin
Juillet.
Aout
Septembre
Octobre
Novembre
Décembre
Janvier
Février
Mars
Année 1800.
Année 1801.
Fig. 4.
Fig. 5.
N.º 10
N.º 11
N.º 12
N.º 13
Fig. 7.
N.º 4
N.º 3
N.º 2
N.º 1
Colonne de Syout.
Fig. 14.
Obélisque d'Heliopolis.
Fig. 15.
Obélisque de Louqsor.
Fig. 13.
gle du Palais de Louqsor.
Fig. 12.
Sol actuel de la Plaine.
Sol de la Place de Louqsor.
Sol des Rues de Syout.
Crues
Actuelles
Sol de la Place de Louqsor.
Sol de la Plaine.
Sol de la Plaine.
Bloc de Granit.
Sol de la Plaine.
Ancien Sol.
10 9 8 7 6 5 4 3 2 1 10 Mètres.
Ech. des fig. 12.13.14.15.